英國地方及區域治理：
歷史、制度與變革

黃榮源・著

五南圖書出版公司 印行

自序

　　距離上次出版英國政府治理專書已逾十年。期間,歷經政黨輪替,換過四位首相,也出現了英國政治史上罕見的兩黨聯合執政。一如當初拙見:英國人尊重制度,依循傳統,但總是銳意革新,不囿於框架;千年帝國看似波浪不興,其實變動不居。常有感,研究英國政治,困難不在於古老,而在於無常,若有似無的節奏和旋律,讓人難以掌握其政治興革的脈動。

　　2009年專書,內容關注英國中央層級政府的治理典範、管理模式、文官制度及央地關係;本書則聚焦於英國地方與區域層級治理的觀察和分析,內容包含:地方及區域治理的歷史脈絡、地方政府體制的建構與演進、地方治理的課責與績效評核、區域概念的興起與擴散,以及外在環境帶給英國地方及區域治理的機會與挑戰,尤其對於英國「脫歐」在地方層級之影響,亦嘗試初探。總之,本書集結作者過去十年在地方及區域治理研究上的成果,特別要感謝科技部於2014-2019年間提供多項專題研究補助經費,讓本書可以較有系統地呈現,並付梓出版。

　　在穩定之中成長,在逆境之中前進,對我自己,是一份鼓勵。本書的完成,感恩之心多於欣喜,特別要感謝五南圖書公司的協助。一路上,需感謝所有公行界學術先進、實務前輩們的知遇和提攜,尤其是「臺灣公共行政及公共事務系所聯合會」(TASPAA)、「中華國家競爭力學會」等學術社團,有如大家庭成員般地惠予鼓勵和鞭策,讓我在術業上有些許成長;中國文化大學行政管理學系余小云主任及諸位敬愛的同仁,您們在工作過程中的支援和體諒,要特別致謝。另外,也要感謝多年來參與課堂討

論、切磋之所有同學的貢獻和激盪。當然，我摯愛的家人，一向樂於和我分享苦樂的可愛妻女—素梅及黃馨，衷心感謝妳們的伴隨。

在知識嬗變的全球化時代，我們何其有幸躬逢其盛，然面對浩瀚的學海，本書恰如滄海一粟，掛一漏萬，在所難免，筆者才疏學淺，不足之處，尚祈各界先進批評指教。

黃榮源　謹識
2019年9月1日　於華岡

目錄

圖目錄

表目錄

第一章　緒論

　　本章首先介紹本書的研究背景，包括：英國地方及區域治理之興起、演進，以及全球化因素在英國地方層級所形成的治理新局。其次，對本書核心概念及其定義，包括：地方治理、區域治理，以及研究所採取的歷史制度主義（Historical institutionalism）、新地方主義（New localism）及新區域主義（New regionalism）等途徑，分別加以說明。第三，提出本書研究架構，主要是從當前英國地方治理型態中的權力下放、區域化政府、公民直接參與、地方政府組織結構改革、最佳價值的公共服務績效、地方治理的夥伴關係等特徵，分析其歷史與制度的變革路徑，以及當前新地方主義及新區域主義思潮，在英國地方及區域治理過程中的因果關係及其影響。最後，擬定本書之章節。

第一節　研究背景

　　英國地方及區域治理的興起有其歷史背景及環境因素。本節分別從全球及地方的角度，觀察英國現代地方治理的型態與發展：

一、全球化下的治理新局

　　「治理」（governance）乃是各種公共或私人的機構與個體，共同管理公共事務的方程式之總合。治理仍是一個管理過程，但其管理基礎並不是「控制」而是「協調」，尤其是公私部門之間彼此的互動與合作；它並不只是關注正式的控制規則，更強調公私部門之間的非正式合作關係（Rosenau, 2003; The Commission on Global Governance, 1995）。James Rosenau 與 Ernst Czempiel（1992）曾邀集十位專家，就世界上不同地區所

採取不同治理模式的結構與方向，加以探討，最後歸納成書，並稱之為「沒有政府的治理」（governance without government）。這些作者對當代國家內部和國家之間的滲透性變化，給予特別關注，對於「治理」的概念和研究，提供了具有意義的哲學基礎。書中強調治理是一種協調過程，但政府已非唯一的核心特徵；同時也特別重視這個互動過程所形成的網絡關係，以及它如何形成有利於政策結果的調控和秩序（Rosenau and Czempiel, 1992）。

　　在實務層面上，治理這個名詞被用來指涉多層次的和迅速成長的國際溝通網絡、跨國性的機制、新型態的民主政體和跨國公民社會（Rosenau, 1998: 28）。此一系列的制度或嘗試，最重要的目的是在結合力量以處理日益增加的新型態危機，這個管控結構很顯然地已經超越傳統「政府」所能掌控的範疇，朝向一個全球的、市場的和多層次的「網絡化」趨勢發展（Rosenau, 1998）。甚至有一些學者，其中大部分屬於新公共管理改革者認為：層級式與規則取向的行政型態已經結束。如 Osborne 和 Gaebler（1992）所言：「一個更進步的行政，和一個更加結合全球性的行政型態，已經是不可避免的轉變趨勢。」一些市場主義者甚至認為，公共行政必須根據全球化經濟趨勢，將典範轉向市場或管理，這幾乎是改革的唯一藥方（World Bank, 1991: 38）。

　　當然，仍有學者對上述說法不以為然（Olsen, 2005: 25; Lynn, 2001）。其中以 Johan Olsen 最具代表，他認為官僚組織在民主立憲政體中具有不可取代的角色，它不但是制度的守護者，也是代議民主政治的主要工具。但官僚組織在面對公共行政新的挑戰時，並非萬靈丹，也無法解決所有新發生的問題和適應所有新產生的情境，但公共行政的本質結合了權威，也包含了競爭和合作的面向，它和所謂「市場組織」或「網絡組織」一樣，都是當代民主政體中相互重疊、互為補充且相互競爭的一個部分（Olsen, 2005: 26-27）。

　　若檢視當代公共管理論者所強調的精神及原則，其實和「治理」概念是相互契合的。其中最著名的是 Robert Denhardt 與 Janet Denhardt（2004）在《新公共服務論：服務而非領航》（*The New Public Service: Serving, not*

Steering）一書中指出：過去各界對公共管理的研究，認爲應將政府的角色定位在導航而非操槳，但 Denhardt（2004）卻認爲政府的角色應以「服務」爲依歸，同時也需要以「公民爲優先」（putting citizens first）。這爲「新公共服務」建立了一個頗具說服力的論點，即：公務員必須從民主治理理論，而不是從私營部門管理理論中獲得啓示。

　　Sue Goss（2001）更明白地指出，需要透過治理系統以及引入市民力量、設置基金等方式，讓「服務」的委託或提供能夠更加注重額外的價值（add value），同時也認爲公共服務的提供，必須要以公共價值（public value）爲導向，而增加公共價值就需要獲得大眾對解決方法的支持，讓提供的服務更貼近公眾的需求。Charles Goodsell（2006）提出「整合型公共治理」（integrated public governance）模式，來探討包含地方在內的公共治理議題。該模式假設有若干分散的公共行爲者，包括：國際組織、各級政府、非政府組織、非營利組織、夥伴組織、社區團體、利益團體、承包廠商等八類，然而其行爲仍將整合在一個以中央政府爲中心的立足點上；中央政府扮演輪軸角色，負責協調和影響治理網絡中各個不同的行爲者。

　　從另一個層面上看，不管是傳統官僚體制、市場的或是網絡的行政組織都必須包含有「轉變」（change）和「聚合」（convergence）兩個概念和取向。每個制度或觀點，一開始都被假設是一套適合組織公共行政的原則，但時間久了，則有另一套更佳的模式來取代它。當全球化對各國的公共行政形成龐大壓力時，政府要想脫離全球化造成的治理困境，就必須有所「轉變」和「聚合」，從實務上來看，就是要推動改革，尋求善治（good governance）。

二、地方及區域治理的興起

　　在全球化背景下，具有彈性的地方組織提供地方治理一個比較寬廣的空間，來因應快速變化的現實環境和狀況變化（Robertson, 1992: 177-178）。最直接的原因是地方政府或民間社會組織，相較之下要比中央政府更有活力和靈活性，可以回應全球化帶來的負面影響和挑戰。因爲地方政

府組織貼近公民生活，最能擴大參與、揭示問題、反應變化以及滿足需求。同時，也有人提出「全球在地化」（Glocalization）的觀點，強調全球觀點也必須隨地方環境而調整；全球化的時代也可說是一個地方化的時代（Robertson, 1992）。於是，許多地方政府為了回應激變的外部環境變化，或實現社會永續發展的目標，遂透過建構新的地方治理制度，或對傳統公共行政管理模式，展開種種改革實踐行動，同時強調公民參與等治理工具的運用，強化政府在政策執行上的課責及回應性，以提高政府善治的能力（孫柏瑛，2004）。

由此可知，分權、參與、多中心、網絡化的治理模式，給地方政府協調社會利益關係和解決利益衝突，留下了廣闊的運用空間。因此，地方政府及其領導人，面對著變化的治理環境，除了需要一般的管理原則及手段，更需要遠見卓識的政治謀略、治理藝術、管理智慧、權變能力、資源動員與影響力。公共政策的目標不再是由政府單方面就能夠決定，而是由參與過程的多個利害關係人在不斷互動與交互影響中達成。Magone（2006: 56）稱這是一個「混合化過程」（hybridization process），公私之間的界線已逐漸被侵蝕，形成超國、國家、區域和地方政府均涵蓋在內的政策網絡。在解決問題的機制上，分享主權的方式比單一國家主權方式來得更有效率。這個趨勢，讓國家組織變得更具彈性，可以和其他國家或非國家機制共有某些管轄權。無論在全球、國家、區域或是地方層次上，被「軟化」的行政組織結構，會變得更具回應性和互動性。

在此背景下，學者認為西方民主國家的地方自治實體，在過去三十年來，經歷一種環境變遷過程——即是「從地方政府轉變為地方治理」（from local government to local governance）（Goss, 2001; Leach and Percy-Smith, 2001）。基於上述概念，本書將以不同於傳統政府（government）統治或管理的角度，對英國地方治理的發展和運作加以探討，特別是從當代治理最基本的要求——參與（participation）、透明（transparency）和課責（accountability）等面向加以觀察。公民參與的論述及善治實踐的原則，有利於理解英國當前地方治理機制變遷的動能，同時了解治理過程中，政府、管理者及相關利害關係人之間的互動、功能調整與整合方式，甚至可

以提供解決治理問題的見解與方法。

三、英國地方治理的發展與實踐

英國是現代民主的起源，也是最早實施地方自治的國家，同時它也是當代新公共管理主義風潮的起源。英國不但是各國地方治理改革與實踐的先行者，其治理發展和制度變革，隨後帶動其他國家的仿效，也成為許多學者在研究地方治理時的參照。

在英國的不成文憲法傳統中，其行政和司法系統往往是以先例和舊制為基礎的。許多英國現代政府體系及治理概念，當然也需要從它豐富的歷史制度中去體察。例如：「郡區」（county or shires）制度的發源和運作，可追溯至盎格魯─撒克遜（Anglo-Saxon）時代（700-1066）城鎮和鄉村應分別治理的觀念。諾曼人（the Normans）在 11 世紀引進了封建制度，在英格蘭大約只持續了三百年左右（1066-1350）。隨後，英國地方治理又回到原有的行政模式，也就是一種「自治」的態樣（Stubbs, 2009）。

整個 19 世紀，隨著工業革命發生，導致人口急劇增加及人口分布的變化，英國的地方行政也發生了戲劇性的變革。進入 20 世紀後，變革的次數和速度增加，多數時間都在尋找一個理想的地方政府型態。其中，以 1972 年的《地方政府法》（*Local Government Act 1972*）改變最為澈底，它導致 1974 年實行統一的兩級制地方政府：「郡」、「區」（districts）制度。1980 年代，英國開啟了政府管理改革風氣之先，當時的柴契爾政府以市場導向原則，縮減政府規模，同時也收回過去下放給地方政府的許多權限。綜觀英國地方制度史，各階段有持續傳統的部分，但有更多的變遷和改革，這也造就了今日英國地方政府體系的多元且異質（heterogeneous）特色。

英國現代地方治理的型態，乃是奠基於 1997 年後新工黨（New Labour）政府一系列的地方政府改革行動。首相布萊爾（Tony Blair）上臺後，主張「第三條道路」（The Third Way），揭示「新世紀之新政治」的民主治理（democracy governance）模式（孫柏瑛，2004）。此新治理

路線，本質上就是以一種新的國家理念，取代傳統的福利國家；以一種新的政黨形象，代替以往工黨偏左的形象（陳國申，2009：208-229）。其做法是率先推動結合國家、市場與公民社會之多層次治理（multi-level governance）；在地方治理（local governance）上也呈現多元化治理關係、資源相互依賴、自組化（self-organizing）政策網絡的管理特色（劉坤億，2003）。1990年代起，隨著美、德、法、義各國政權輪替，第三條道路理論成為歐美各國風行的政治價值，這代表當時新中間偏左的社會特徵與精神。地方治理遂成為民族國家在經濟全球化衝擊下，政府組織回應危機與挑戰時，經常選擇的一條發展道路（陳林、林德山，2000）。

在此趨勢下，1990年代已降的英國新地方治理型態與模式，可以被歸納有以下特徵：（陳國申，2009：208-229）

（一）分權地方

分權地方（devolution）意指權力和經費從國家向地方政府的轉移（the transfer of power and funding from national to local government）[1]。具體而言，是英國國會（Parliament）根據其所通過的法規，把國防、外交之外的部分內務權力（例如：教育、醫療等），賦予蘇格蘭議會（Scottish Parliament）、威爾斯國民議會（National Assembly for Wales）和北愛爾蘭議會（Northern Ireland Assembly）決議、訂立及由其等下屬相關行政機構執行決策。

從歷史上來看，無論是保守黨或是工黨，都長期無法在蘇格蘭和威爾斯兩地取得優勢，因此需要兩地的民族政黨的支持，才能贏得勝選。1974年大選期間，工黨為了爭取蘇格蘭選民支持，首次提出蘇格蘭地方分權為其競選綱領。1977年，工黨卡拉漢（James Callaghan）首相執政期間，還曾就蘇格蘭地方分權議案展開公民投票，但未獲通過。1979年，保守黨上臺後，權力下放法案便被廢除。1997年大選期間，工黨在競選綱領中明白

---

[1]　參閱英國政府官方網站「地方政府協會」（Local Government Association）篇（https://www.local.gov.uk/topics/devolution/what-devolution）。

揭示將權力下放蘇格蘭、威爾斯等地。隨後，工黨再度執政，便開始推動權力下放兩地，並分別於 1997 年 9 月、11 月通過公投，蘇格蘭、威爾斯兩地獲得了不同程度的自治權。

　　然而，權力下放並不能和所謂主權獨立或民族自決劃上等號[2]。本書第三章、第五章將對此有更深入探討。就整體制度設計而言，權力下放不是某種「準民族主義的政府形式」，也不是一種「聯邦主義」，它只是「更廣泛的權力下放進程之一部分」而已，目的是要「使權利更接近人民」，但其戰略目標仍是要「確保英國的持續統一」（Blair, 1997）。

（二）區域化政府

　　1997 年，工黨政府掀起了一股「區域化政府」（regional goverment）的改革風潮，大倫敦市政府（Great London Authority, GLA）是其中較顯著案例之一。1999 年，英國國會通過《大倫敦政府法》（*Great London Authority Act, 1999*）；2000 年，選舉產生大倫敦的議會和市長，並成立區域性的政府。新的大倫敦市政府，與其下的各自治市單位形成一種新型的合作治理關係，它們在各自的職權範圍內各負其責，互不干涉，也不存在上級和下級的隸屬關係。隨後多個區域也開始設立這類區域化政府，其主要目的是要負責協調該區域內的整體規劃，而不是直接提供各種具體的服務（Sandford, 2005: 212-213）。

　　除了大倫敦市之外，工黨也試圖在其他地區進行區域化改革。2002 年，工黨政府發布地方政府改革白皮書（*Your Region,Your Choice: Revitalising the English Regions, 2002*），地方政府的結構因此有了大規模的調整，到 2002 年為止，英國地方政府數量已下降到了 442 個；平均人口規模提升到 12.8 萬人（Denters and Rose, 2005: 161）。本書第四章會對此議題有更深入的探討。

---

[2]　2014 年 9 月 18 日，蘇格蘭舉行了全民公投，蘇格蘭公民以 55% 對 45% 比例，否決了蘇格蘭成為獨立國家的提案（"Salmond calls for independence referendum in 2014." BBC News. 10 January 2012）。

（三）公民參與治理

　　1970 年代末期以後，保守黨柴契爾首相主政期間，英國的地方自治日益弱化，地方居民對地方選舉的興趣也日趨降低。工黨的政治家和理論家們注意到這個問題存在，遂提出以居民對地方事務的直接參與，來彌補地方代議民主的不足。主張政府政策的制定應更貼近人民的生活，政府的運作程序和機制應是開放的，並須確實強化課責（Blair, 1997: 257）。

　　最具體的作法是工黨在 1997 年執政後所推出的「最佳價值」（best value）計畫，同時也提出「4Cs」行動方案，主張從挑戰（challenging performance）、比較（comparing performance）、諮商（consultation）、競爭（compete）四個面向，綜合評價政府施行績效。其中和民眾關係最直接的就是「諮商」程序。英國政府於 2000 年 11 月頒布「諮商作業規範」（*Code of Practice on Consultation*），讓民眾可以在政府設計政策方案時，正式提供其寶貴資訊，幫助政府得以制訂正確的決策，改善公共服務的品質（黃榮源，2009：143-144）。諮商機制雖然是地方治理的初階，但實施至今，目前英國政府，尤其是地方政府的所有重大決策，都要在深入調查研究、廣泛聽取意見、進行充分討論的基礎上，由集體商議來決定，這就是公民參與的精義。本書第四章將對諮商程序加以討論。

（四）地方政府組織結構彈性化

　　為了使地方政府適應所面臨的新環境，新工黨提出了地方政府組織結構的改革。尤其是對地方政府傳統的「議會制」或「委員會制」（council）的無效率，以及政策制訂的不透明加以批判。於 1998 年執政後，開始推行地方政府組織結構的改革，以提高決策效率及民主程度。本書第三、五章會有更深入的介紹。

　　長期以來，英國地方政府多採取委員會制，即由地方議會中的委員會做出決策，不但過程冗長，也出現實際操作不透明、責任不明確的問題。為了改革這些弊病，政府提出四種治理模式，由地方居民公決的方式，自主選擇：1. 市民「直選市長」，並由市長從地方議員中選任內閣；2.「議

會內閣制」，市長由地方議會選舉產生，內閣由地方議員組成，由市長任命或由議會選舉產生；3.「市長─經理制」，直選市長並由地方議會任命全職管理人負責具體事項。2001 年，又增加第四種模式，稱爲「修正的委員會制」，保留了傳統「委員會制」架構，但又進行部分修改（Denters and Rose, 2005: 167）。

（五）最佳價值模式的公共服務績效

保守黨在柴契爾執政時期，在公共服務提供上主要採取「強制性競標」（Compulsory Competitive Tendering, CCT）模式，即由法律規定地方政府必須以招標方式來選擇服務。保守黨的目的是要改變政府的壟斷，以市場競爭來保證服務品質或降低政府成本。這一做法雖然達到「效率」與「經濟」目的，但在對公民意願積極回應、維護整體公共利益方面，顯有不足。新工黨執政後，英國開始漸次採用「最佳價值」的地方政府公共服務管理方案。該計畫要求各級地方政府在服務提供上，雖不要求一定得採招標方式，但要建立控制服務的體制，確保服務品質的最佳化與效率化。它接近民間企業界績效評估的想法，且特別強調公民參與治理的概念。制度設計的核心，是站在居民的立場，表達需求及評鑑成果，以客觀的數值顯示地方行政單位公共服務的成果（黃榮源，2009：62-68）。

總之，最佳價值著重的是一種互利的夥伴關係，而非強制競標中較多對抗的傳統契約關係。藉由一個較具完整性、全面性以及公平性的政府治理觀點，改變過去較爲分化、重複和浪費的現象（黃源協，2005：141）。

（六）治理夥伴關係

新工黨的地方治理致力於塑造一種多元主體的新型夥伴關係（partnerships）。根據治理主體之間的地位差別，又可分爲兩種類型：1. 不同層級政府在地方治理中的合作夥伴關係：中央權力下放和分權後形成的夥伴關係包括中央、區域政府、地方政府的合作關係，又包括區域性政府與基層政府的關係。例如：大倫敦市政府，它是一種分工合作的關

係，但不存在上下隸屬關係。2001 年後，英國在不同層級政府間形成一種「地方戰略夥伴關係」（Local Strategic Partnership, LSP），共同協調區域內的各地方政府關係。LSP 後來又發展成為「地方區域協議」（Local Area Agreements, LAAs）的合作機制（李長晏，2012b：142-146）；2. 另一種是橫向的公部門、私部門、第三部門及地方居民之間的合作夥伴關係。它讓地方治理主體更加多元，讓服務接收者的公民也有機會大量參與地方治理。其用意在透過多樣性的諮商民主，來引導政府的公共服務。

本書之第三、四、五、六章將分別從上述特徵，探討英國地方及區域治理，包括其地方及區域治理的歷史演進與分析、制度變革與動能，以及當前英國地方及區域治理的模式、運作，特別是其中的協力、課責與績效之精神。

第二節　核心概念及定義

本書在探討英國地方層級公共事務管理制度與過程時，同時涵蓋了「地方治理」（local governance）及「區域治理」（regional governance）兩個核心概念。此二概念具有相同的歷史演進背景，但在網絡關係與實務運作上，各有其角色、意義及關注重點。在研究架構上，則兼採歷史制度主義（Historical institutionalism）、新地方主義（New localism）及新區域主義（New regionalism）之觀點與途徑，作為分析切入的角度。分別說明如下：

一、地方治理

所謂「地方治理」，其結構由傳統「公法人團體」、「統治機關」、「政治制度」，擴充為「一種結構」、「一種過程」（趙永茂，2002：12-13；劉坤億，2003）。具體來說，地方治理的決策主體，不再侷限於中央與地方政府之間單純的互動關係，它還涵蓋來自公、私組織和志願性

團體等互動所形成的一種複雜的網絡關係（Rhodes, 1997: 7-11；李長晏，1999：123；江大樹、張力亞，2009：61）。簡言之，地方治理是指不同的組織和團體，在不同時間，針對不同的目的而涉入治理的過程（Leach and Percy-Smith, 2001: 32；劉坤億，2003：3）。若從全球化趨勢來看地方治理實務，它應該是指中央政府應勇於授權，解除地方組織、人事、財務及行政運作上不合理的限制，以落實地方政府的自主權限，協助地方政府執行更有彈性和效率的公共服務與政策產出。整體而言，地方治理相對於其他治理的特點，在於「強烈的地方特性」、「充分的公民參與」，以及「多元的治理主體」（陳國申，2009：26-27）。

二、區域治理

　　區域治理概念係源自於英國。1932-1936 年代世界經濟大恐慌期間，英國政府面對此嚴峻情勢和問題，遂開始從區域發展（regional development）角度思考策略，讓遭遇重大經濟困難的地區，能夠擺脫劣勢。從文獻上檢視，區域治理的概念內涵相當廣泛，包括：「跨域治理」（governing across boundaries）、「領域治理」（territorial governance）或「跨界合作治理」（cross-border cooperative governance）等，所關切重點各有差異，但區域治理基本上乃著眼於「某空間區域之特定功能需要，由不同轄區政府與民眾共同發動之自願性協同治理，以實現區域功能發展的一種體制創發與政治合作模式。」（李長晏，2011：2）區域治理亦指區域體自我發掘問題與解決問題的能力，也代表一種區域內部各單元合作與競爭的關係。簡言之，它是一種具有自願性、功能性、創新性等意涵之跨區域合作或建制。在實務上，無論是已開發國家、新興工業化國家、發展中國家，或是歐洲新興民主國家，即便面臨的問題不一，都在進行一連串的中央政府、區域、地方單位，以及居民之間的權力調整與轉型（陳國申，2009：1）。

　　但「區域」的內涵和範圍究竟要如何界定？Bruce Russett（1967: 11; 1968）曾經標識五項標準來加以定義，即：社會和文化的同質性、政治態

度或外部行為、政治體制、經濟相互依存和地理上的接近。因此，區域作為一個組織概念仍具有其模糊性，它可以同時從社會文化、政治等不同的因素來定義。一個較為整合性的定義是 Thompson（1973）綜合 22 位學者的說法，列出 21 項常被引用的「區域」屬性，他歸納出地理上接近、互動的規律和強度，以及對區域具共同認知三個標準，作為定義與形成「區域系統」的條件。

簡言之，地方治理與區域治理均強調一種有別於傳統行政的網絡關係，也都主張自願性和彈性的治理關係。然而，地方治理較強調治理網絡中的結構組成及其互動過程；而區域治理較關注的是跨區域、跨功能的安排與效能。在實務上，兩者都是各國政府組織調整與功能再造的重要原則，也都是本書對於英國地方及區域層級治理重要的分析面向。

三、歷史制度主義

歷史制度論，或稱歷史制度主義，修正了理性抉擇制度論、社會學制度論兩派相對偏頗的觀點，也補充了雙方過於簡化的制度解釋。它融合了上述兩派的理論假設，因此具有明顯的折衷色彩。歷史制度論者認為制度結構和個人行動是可以相互構成、雙生相棲的（蘇子喬，2010：155-156）。歷史制度論者認為制度具有長時期安定的特性，制度一經建立，就有自我維持的傾向，很難加以改變，即所謂「路徑依循」（path dependence）；但制度會被週期性事件或危機打斷，而引發制度突然崩解，為了應付危機所採取的行動，導致新制度的建立，其後制度又將重新回復「靜止」，此所謂「斷續均衡」（punctuated equilibrium）（Krasner, 1984: 240-242）。歷史制度主義者認為，人類活動都是在一系列既定的約束條件下進行的：在種種約束條件下，人們對於問題的解決有多種可供選擇的方式，但最後總會通過博弈決定一種解決方式，這就形成了一項新的制度安排。這種制度形式並不一定是最佳的，而是帶有一定的「偶然性」（contingent），但它一旦形成，便會內在地產生一種自我強化機制（self-reinforcing mechanisms）。

正如新制度主義代表學者 Douglass North（1990）所言：「我們不是要再造過去；我們建構的是關於過去的故事。……將制度融入歷史，能使我們比在其他情況下講述一個更好的故事。」本書從這個角度，在制度與歷史的交互作用中，更宏觀地觀察英國地方及區域治理的變革。

四、新地方主義

「地方主義」（localism）在字典的定義是：「人們應該掌理地方所發生的事，地方的企業應該被支持，不同地方之間的差異應該被尊重[3]。」其內涵即是由地方人管理地方事，內容包括了公共事務、經濟發展、社會與文化各層面。簡單地說，地方主義描述了一系列以地方優先的政治哲學，例如：地方主義強調支持和消費當地生產的商品，由地方主控地方的政府，並促進當地歷史、在地文化和地方認同。

在單一國家中，地方主義可以和中央集權政府做相對應的比較。地方主義亦指用一種有系統的方法來組織國家政府，讓它可以保留地方的自治權，跳脫以往政府和政治權力較爲集中在中央的模式。在概念層次上，地方主義與商議式民主（deliberative democracy）具有重要的關聯，它們都主張一個民主目標，就是讓公民參與那些會影響到他們的決策。因此，地方主義鼓勵加強民主和政治參與，並擴大公共領域之中各種角色的關聯性（Ercan and Hendriks, 2013: 422-440）。

有學者進一步提出「新地方主義」的概念，它是一種遠離中央政府的控制，將中央下放的權力和資源轉移給第一線管理者、地方公民團體、基層消費者和社區居民的治理策略（Corry and Stoker, 2002; Wilson and Game, 2011）。這一闡釋，表明新地方主義不僅要將權力下放給地方政府，而且要下放到每一個公民。英國副首相辦公室亦將新地方主義描繪爲公民積極參與的地方分權式決策過程，認爲這是一種更理想、有助於復興地方民主

---

[3] 參閱「劍橋辭典」（Cambridge Dictionary）。網址：https://dictionary.cambridge.org/dictionary/english/localism。

和公民社會的地方決策過程（WIilson and Game, 2011: 309-401）。本書從地方主義的觀點切入，將有助於了解地方民主及公民社會，對於英國地方決策及區域合作過程的重要性。

五、新區域主義

傳統的區域主義興起於冷戰時期，是指國家之間建立某種地區性國際組織或某種非機制性安排，形成了一種利益與共、相互依賴的關係；它是一種具有地理上聯繫、一定數目的國家，且具某種程度相互依賴的聯合或集團（Nye, 1971）。簡言之，區域主義的目標是為了強化區域國家在當時兩極國際體系中的獨立性和自主能力；另一方面，也以特定的機制和模式，把區域內國家帶入合作的軌道。

「新區域主義」則是 1970 年代末期以後興起的一股運動，特別在城市或區域合作治理上，強調區域組織除了要著眼於區域內部合作之外，也應加強不同地區之間的橫向聯繫與交往；新區域主義被視為一種外向性的區域主義，主要特徵是區域組織須具有跨區域的含義和內容，這種對外聯繫不僅不會削弱區域內部的合作，反而會增強區域合作，為區域各國帶來機會（Lampert et al., 1978）。

李長晏（2012b：69-74）認為，新區域主義途徑是在傳統改革主義與公共選擇主義兩派的爭議中發展而來的。傳統改革主義者觀點主張以整併的方式，規劃大型都會或區域政府；公共選擇理論所建構的多核心治理模式，易造成管轄權難以釐清的問題。有別於上述兩者，新區域主義主張以「協力」（collaboration）和「夥伴」（partnership）關係，做為都會治理模式或區域發展架構為佳。此一論點認為，在解決區域問題時，應同時包含競爭與合作兩種體制的運用，並結合區域內各種資源，運用公部門的潛在發展力量，在地方政府社區組織、企業組織、非營利組織之間，建立一種「區域策略性夥伴關係」（regional strategic partnership），以解決多樣性的都會或區域公共事務，才能真正達到區域治理的效果（紀俊臣，2004）。基於新區域主義觀點，應從空間、功能與部門三個面向進行協

調，以解決區域決策的密合問題，並將公共、私人和自願部門的意圖和資源加以連結，以極大化策略之效益（李長晏，2012b：82）。

綜言之，新區域主義主張不在建立新的治理機構，而是一種多層級治理體系（multi-level governance system）的運用，強調一種「制度化集體行動」，或多元利害關係者之間的「協力治理」（李長晏，2012b：78）；在方法上，則是從跨區域、跨部門合作，以及「由下而上」（bottom-up）的協商方式，來解決區域合作與治理的問題，最終達到區域發展實質的政策目標。

第三節　研究問題與架構

英國從未擁有一部正式的成文憲法，當前的行政和司法系統都是以先例為基礎，其行政權力往往也是沿襲舊制度而來。因此，本研究主張：探討英國地方治理的淵源，應該溯及中世紀（Middle Ages），甚至西元1世紀羅馬統治時期後的歷史演進。在制度演進的方向和策略上，呈現了一種漸進主義模式，但是在特定時空下，也會有例外或出現所謂「斷續均衡」的階段。

如圖 1-1 所示，本書依據歷史制度主義的基本概念，針對英國地方治理議題，提出兩個研究命題：一是英國地方治理制度及改革路徑，相當程度上受歷史脈絡的影響，尤其受羅馬統治時期的「行省制」（province），以及西元9世紀後的「郡縣制」（county）與「自治市鎮」（borough）出現之影響。二是英國目前之地方治理機制和策略，仍是建立在過去制度的基礎之上的。首先，本書從制度主義的角度，把英國近年來地方主義式的變革，放入較長的歷史階段中觀察，分析其自治是否是一種歷史路徑的依循？而集權形式的地方治理型態，可否被視為過程中的短暫斷續？（第三章）從宏觀的角度來看，當代英國地方治理機制的內涵是從 1979 年後的「中央主導」，轉換到 1997 年後的「府際協力」治理，再演進到 2011 年後的「夥伴關係」治理。從理論的角度而言，這絕對不是

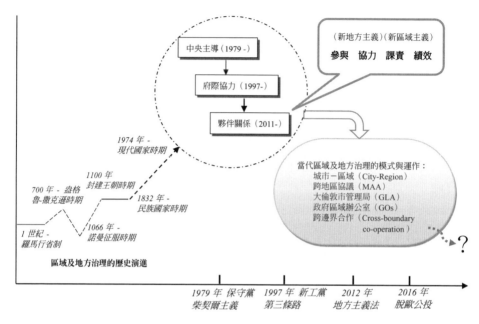

資料來源：作者自行繪製。

圖 1-1　英國地方及區域治理概念架構

一個簡單的二擇一問題，亦非一夕之間驟然致之，而是一連串歷史與制度交互作用的結果。

　　其次，本書從「新地方主義」及「新區域主義」的途徑，即：合作、跨域、協力、授能、課責與績效等概念，探討英國區域政策在整合過程中的發展及演進，尤其對當代英國區域及地方治理的模式、運作與機制變革加以評介（如圖 1-1 虛線圈內），也對英國中央政府對地方政府績效管理的制度變遷及內涵加以審視（第四章、第五章）；另一方面，也對愛爾蘭共和國／英國（北愛爾蘭）邊界的跨域合作之背景、機制發展加以探討，觀察雙方在政治、民族的角力下，如何藉由歐盟區域整合機制，達到1990年代後期以來的合作關係（第六章）；並且探討英國區域議題在脫歐後的發展，尤其是地方層次中政府與民間的合作展望、制度調整與解決方案（第七章）。

特別要指出的是，今日「英國」的全稱為「大不列顛與北愛爾蘭聯合王國」（The United Kingdom of Great Britain and Northern Ireland），或簡稱「聯合王國」（The United Kingdom）。蓋因威爾斯、蘇格蘭和北愛爾蘭在近八百多年間，相繼與英格蘭合併成為一個統一國家之故。為使研究標的更明確、聚焦，因此界定本書研究範圍以「英格蘭」地區為主，威爾斯、蘇格蘭及北愛爾蘭地區為輔。原因是在歷史及實務上，英格蘭皆為傳統英國政治、社會與制度的主體；其次，在地方與區域治理的範疇中，許多變革的淵源及實踐，還是以英格蘭地區為軸心的。

第四節　本書章節安排

基於上述研究問題與架構，本書之章節安排如下：

第一章　緒論。內容包含：研究背景；核心概念及定義；研究問題與架構；及本書章節安排。

第二章　概念建構、理論及文獻探討。內容包含：相關概念與理論介紹；英國地方及區域治理發展概述；相關研究與文獻探討；及本章結論。

第三章　英國地方治理的起源與發展。內容包含：本書分析架構；英國地方治理體系的演進及內涵；英國地方治理趨勢的探索與評析；及本章結論。

第四章　當代英國地方政府體制的變革。內容包含：當前地方政府制度與結構；制度演進與治理變革；當前地方治理主要運作方式；及本章結論。

第五章　英國地方治理績效管理機制與評估。內容包含：文獻檢閱與應用；英國地方政府績效管理指標系統；英國地方政府績效管理評估程序；及本章結論。

第六章　英國「區域」的興起與超越。內容包含：研究背景與問題；英國地方及區域治理個案；整體分析與評估；及本章結論。

第七章　英國「脫歐」後的地方及區域治理。內容包含：研究背景與問題；歐盟治理架構中的跨域合作；愛爾蘭／英國（北愛爾蘭）邊界區域的合作個案探討；英國脫歐議題的發展與影響；脫歐模式與方案選擇；及本章結論。

第八章　結論。內容包含：研究發現；英國經驗對臺灣地方治理現況的啟發與反思；及未來研究議題與建議。

第二章　概念建構、理論及文獻探討

　　本章首先評介本書所引用的重要概念或理論——包括「治理」與「網絡治理」、「府際關係」與「跨域治理」、「協力治理」與「夥伴關係」，以及「參與、課責與績效導向的治理觀」。其次，介紹英國區域治理發展及制度變革，包括羅馬統治、封建時期、工業革命、民族國家興起等階段，以及當前多元與豐富特色的英國地方治理體系。隨後，探討參與、課責與績效導向的治理觀在英國地方層級治理之運作；同時，也觀察歐盟治理概念與實務對英國地方治理的影響。最後，對於英國地方及區域治理相關文獻與著作加以整理與介紹。

　　分析歸納發現，用「治理」理論來研究英國地方治理問題，為當今的主流，尤其在公私協力夥伴關係的運用上，因為在當前政策環境下，政府與非政府夥伴們在角色與功能上的互補特性，需要協議出一套機制，才能同時達到課責與效能的治理目標。

　　本章第一部分將針對本書所涉相關概念、理論及研究分別加以探討；第二部分，簡述英國區域治理發展及制度變革；第三部分則是評介地方治理、英國地方與區域治理相關文獻與著作。

第一節　概念與理論介紹

一、「治理」與「網絡治理」

　　有別於地方主義所強調之中央分權、基層參與的地方民主形態，「治理」被定義為一種「自主性的組織間網絡」（self-organizing inter-organizational networks），它同時跨度了公、私和自願三個部門（Rhodes,

1996）。由國家層次觀之，治理是建立在許多不同的管理機構和不同的程序上，特別突顯的是自願性和非營利組織參與決策和執行的角色，以及它們半公共性的特徵。因此，治理是一種流動的決策，它可能運作於國家層級結構與市場裂縫之中，包含了各層級行動者在傳統以國家爲中心的制度架構之外運作（Kramsch, 2003: 211），範圍更大於地方主義所強調的內涵。

　　在「治理」時代中，全球、跨國區域組織乃至國家層級政府所做的政治決策，常常需要在廣泛的「次國家」（sub-national）政府組織、地方（local）或公眾（public）中獲得認同與共識，才能協力解決日趨嚴重的社會問題。在另外一個層次上，爲了因應全球經濟競爭，並達成有效的區域發展，形成一種新治理機制有其必要性；在實務上，有越來越多爲了「問題解決」（problem solving）爲目的之跨區域、區域間論壇或組織出現（Scott, 1998, 2006; Barnes and Ledebur, 1998）。在改革現行制度功能的同時，又不至於影響太多地方政府職能的狀況下，「區域治理」模式與平臺，遂發揮其積極的作用（Wilson and Game, 2011）。

　　由上述觀察可知，「區域」和「全球」因素在這幾年中常有著複雜交織的密切關係。一方面，越來越多的全球化和放鬆管制市場的聲浪，推展經濟及其他領域的一體化；另一方面，工業化國家也強調透過一些區域性聯盟及發展計畫，設法彌補長期對其他國家經濟的控制與侵蝕。Jon Pierre和 Guy Peters（2000）兩人觀察政府職能在全球化和地方化諸多因素衝擊下，權力出現向上（upwards）、向下（downwards）以及向外移動（sideways），其中以國家統治權下移、分散到地方政府、都會地區、社區和公民最爲明顯。西方政府和學界所流行的口號：「全球化思考，地方化行動」（thinking globally, acting locally），即是因爲人們要求分享權力、參與政策制定的呼聲日益強烈，從而迫使一個國家的政治改革逐漸選擇地方化、民主治理的模式發展，也就是所謂「新區域主義」的路線。

　　Gerry Marks（1992, 1993）提出「多層次治理」體系（multi-level governance, MLG）之概念，強調「治理」在描述一個「跨國決策」的新型態，它和傳統「政府」透過代議或官僚區分責任的政治規則不同，而是

強調一種創新的網絡或水平式的互動。甚至，Osborne 和 Gaebler（1992）認為，韋伯式的層級及規則取向的行政型態已經結束，目前正「朝向一個更進步的行政，和一個與全球性更加結合的行政型態，這已是不可避免的轉變趨勢」。較爲持平的論點認爲治理是一個「混合化過程」，在此過程中，公私之間的界線逐漸被侵蝕，它使「政府結構彈性化，得以和其所屬的環境有更好的結合」（Magone, 2003）。Magone（2003）以歐盟治理體系爲例，指出其政策制定已出現一種「雙向」過程，即是在超國家層次的去中央化傾向，形成超國、國家、區域和地方政府均涵蓋在內的政策網絡（policy networks）。

從運作方式來看，Gerry Stoker（1998）認爲：「治理」的概念，不應只限於一套新的管理工具，其目的也不限於提高公共服務的生產效率，它有一個共同的基本點：即是治理指涉一種新的發展，其特徵是公、私部門之間的界線已經模糊，其本質顯示出政府已不再運用權威和制裁等方式來作爲治理工具，取而代之的是一種由「政府」、「民間企業」與第三部門——「非營利組織」等緊密結合的互動「網絡」（network）模式。進一步分析，「治理」不再強調「科層」（hierarchy），而是強調一種「網絡」的連結，在政治、經濟與社會等複雜的網絡中，政府已不再掌握所有的控制、協調與課責機制（張泰瑞，2007：7-8）。新的治理模式已轉換成「國家」與「社會」共同合作的服務型態；政府在推動轉型過程中，強調的是如何結合民間、社會的資源，以建立一個全方位的「網絡治理」模式。

二、從「府際關係」到「跨域治理」

新區域主義所描述的治理模式強調一種跨界合作的概念。跨邊界，也常常指「跨越多個領域」（across multiple domains）的現象與行動。綜合行政管理學者的看法，跨域治理最簡要的意涵，應包括：跨越轄區、跨越機關組織藩籬、跨越不同業務及功能的整合性治理作爲（吳定、張潤書等，2007：326；孫本初，2013：194）。

在美國公共行政教科書中，稱指揮或管理跨越各政府間的事務爲「府

際關係」（IGR）或「府際管理」（IGM）。兩者都將這類事務指涉不同管轄的政府部門之間，或中央與地方政府之間，在公共事務上的互動或共同工作（Shafritz et al., 2007: 131-170; Starling, 2008: 109-143）。根據 Deil Wright（1983: 431）的說法，IGM 具有三個明顯特徵，即：問題解決、政府間較勁和網絡關係。因此，跨域管理概念是政府間為了解決公共問題之折衝、協調與合作。更廣泛地說，跨域治理應充分利用不同地方或區域之間的公私部門資源和能力，把它們整合成更好的公共服務（Morse, 2010: 434-436）。

　　林水波與李長晏（2005）提出更為周延的觀察，強調跨域治理係指針對兩個或兩個以上的不同部門、團體或行政區，因彼此之間的業務、功能和疆界相接（interface）及重疊而逐漸模糊（blurred），導致權責不明、無人管理與跨部門（cross-cutting）的問題發生時，需藉由公部門、私部門與非營利組織的結合，透過協力（collaboration）、社區參與（community involvement）、公私合夥（public-private partnership）或契約（compact）等方式，以解決棘手難以處理的問題（wicked problems）。因此，跨域概念不只關注政府權力與責任之間的靜態關係，同時也重視政策執行過程中所有參與者之間的動態關係（Witesman, 2010: 362-363）。

　　本書基於學者的觀點（Abramson and Balutis, 2008: 53-54；Barnes, 2010: 141），認為中央與地方政府職能與互動關係上，已經超越傳統的政府或機關標準與限制，從更宏觀與彈性的角度，考慮不同的資源和權力類型的影響，包括政府與公民社會的互動關係，運用跨域概念對地方政府活動進行分析，藉以探討中央治理模式限制及地方的自主要求，將會對區域治理與合作有更好、更整體的了解。

　　如前述，across boundaries 從字面上理解，意味著「跨專業」或「跨區域」。Lamont 和 Molnar（2002: 169-181）認為，在社會學的研究中的「邊界」（boundary）包括四種含義，即：社會認同、階級或種族認同、專業或學科的認同，以及社區、國家或空間的認同。因此，所謂的跨邊界亦可指「跨多個領域」；如 Hinds 與 Kiesler（1995: 373-393）所言，跨域管理或跨域治理強調的是一種跨越邊界的溝通，這包括在內部和外部環境中之

不同組織溝通工具的使用，如：電話、電子郵件、口語等傳播。

上述「府際關係」或「府際管理」是從較為狹義的跨域治理角度來看，它指涉在不同管轄的政府部門之間，或中央與地方政府之間在公共事務上的互動合作，其內涵在於指揮或管理跨越各政府間的事務。跨域治理不僅涵蓋了政府系統中的垂直和水平關係，而且也適用於兩個以上部門之間的相互作用，甚至可以延伸到公部門和私部門之間的互動關係。因此，跨域的概念已經大大增加了各種政府間組織的互動範圍和規模，同時也關注治理過程中各個參與者的動態關係。

隨著近代跨域公共事務功能領域的外溢影響、多元議題的相互連結，以及多元行為者的過程涉入之演進，李柏諭（2010：1）認為「跨域問題」不但涉及跨越實際地理範疇或空間領域的轄區範圍（jurisdiction），更涉及了管理領域的多樣性變革。因此，要建立一套新型態治理模式，應該要能符合各種多元需求，以追求實質的善治（good governance）。更廣泛地說，這一新型態的治理模式應充分利用不同地方或區域之間的公私部門資源和能力，把它們整合成更好的公共服務（Morse, 2010: 434-436）。

總之，跨域治理方式非常多元，涵蓋跨轄區、跨部門、跨政策領域之間的夥伴合作關係；其過程應盡量引進第二部門與第三部門資源，以增加跨域治理的參與者；其次，跨域治理實具有政治性的意涵，通常涉及地方自主權，過程也通常涉及密切的政治協商與談判。最後，跨域治理需以民意為基礎，故應博采眾議、凝聚共識。

三、「協力治理」與「夥伴關係」

「治理」既然是一種「公共」、「私人」，或者「第三」部門之間的互動過程，應透過協調、協力等互動關係，來決定社會價值該如何分配，以及社會政策要如何執行（孫本初，2013）。在公私部門之間協力過程中，雙方的互動並不僅是公部門單方面的指揮、控制或鼓勵，而必須以「公民參與」為基礎才能健全持久。政府在此治理網絡中也是公共服務主要行動者和提供者之一，當制度失靈時，即需要透過公私部門組織之間利

益和資源的協調，來強化公共政策的制定與執行的效率（孫本初、鍾京佑，2006：33）。

　　Goodsell（2006: 624-628）認為國家、市場和公民社會三者，對公共行政的目標、偏好和期望各有不同。國家的目的在強有力的行政控制，偏好對行政機構的控制，期望由一個強者領導；市場以改革為要，偏好小而美的有效率政府，希望領導者是一個市場改革者；而公民社會則偏好多方位的行政合作，及公民的直接參與。但 Goodsell 認為公共行政不可能完全如上述三者所願，而是三種型態相互連結的「整合型公共治理」的模式。認為治理是由若干分散的公共行為者如：國際組織、其他政府、非政府組織、非營利組織、利益團體、社區團體、夥伴團體和簽約企業等，與中央政府的一種協力關係（Goodsell, 2006: 624-628）。基本上，政府單位及公共行政扮演輪軸角色，它負責協調和影響治理網絡中各個不同的行為者。傳統官僚行政機構的權力開始被移轉到國際機構或地方政府；許多公共政策由第三部門或私人企業執行，公私部門的界線日趨模糊。然而，這也衍生出協調性不足、課責性不夠等批評。

　　協力治理關係所強調的是各方需求的滿足，但需求不一定僅止於利益，也可以是公平正義等社會價值。學者分析協力關係乃在整合資源與專業，以達成各自或共同之目標，以及創造互惠關係之優勢；或者認為協力是一種跨部門的組織間，為了滿足彼此間的需求，進行長時間的合作與資源的分享（張建威、曾冠球，2013：127；李宗勳，2004：59）。然而，要如何產生成功的協力治理？目前文獻著墨於協力治理者，多具濃厚的規範性色彩。陳敦源、張世杰（2010：32）等認為，跨公私組織之間的協力關係，較能形塑一個長期穩定的制度安排，來推動參與者之間的協力過程，有效促進參與者利益和目標之達成。因為政府與非營利組織是為了解決共同問題而進行協力，雙方應處於一種對等關係，且能互惠互利，才能真正展開合作。所謂公私協力，其意旨在結合公、私部門各自優勢，藉由特定的制度安排（如正式或非正式的契約或協議），以促進雙方資源分享與風險分擔，進而創造夥伴關係之「綜效」或「共同附加價值」（Lasker, Weiss and Miller, 2001; Jamali, 2004: 419; Klijn and Teisman, 2003: 137）。

在可操作性與分析模式的建構上，Ansell 與 Gash（2008）曾建立一個協力治理的模式，說明公私部門的互動關係。他們將影響產生成功協力治理的因素予以分類為：權力不對等、過去歷史敵對、協力過程、促使轉型的領導者、制度設計等五項。吳英明（1993：7-12）則是將公私協力之互動模式分為：垂直分隔互動模式、水平互補互動模式和水平融合互動模式，並以此三種模式分別說明「合作」與「夥伴」兩者之差異，主要在於共同決策以及責任分擔的程度。所謂「合作」關係是指公私部門在水平互動過程中，公部門扮演「誘導性」和「支援性」的角色，私部門則扮演「配合性」角色；而「夥伴」關係則是較強調部門協力中形成的一種平等互惠、共同參與，以及責任分擔的關係。

針對「夥伴」關係的「綜效」（partnership synergy）問題，Lasker 等人（2001）提出了一套評估架構，並指出可能的決定因素，如：資源、夥伴屬性、夥伴間關係、合夥屬性，以及外部環境等因素。Ansell 與 Gash（2008）認為，公私協力中之「過程」直接影響協力的「結果」，主要指涉行動者之間的信任建立過程。事實上，公私協力除了檢視「成果績效」（product performance）之外，「過程績效」（process performance）同樣不容忽視。換言之，公私協力乃預設公、私部門的角色是互補的，雙方各自有其利基（曾冠球，2017：71）。

由於公私協力的目的是為了解決公共問題，因此，私部門或第三部門與政府雙方，必須共同了解合作的目的與所欲達成的目標究竟為何？但因為其理念、價值、知識背景、解決問題的模式及文化等層面均有所差異，使得專業合作過程往往會造成摩擦與衝突。因此，建立互信關係乃是不可或缺的（林淑馨，2016：107；張建威、曾冠球，2013：128）。綜言之，成功的協力導向公共服務，至少要具備目標共識、互惠互利、尊重及信任、多元溝通等要素（曾冠球，2017：74）。

四、參與、課責與績效導向的治理觀

如前述，公私協力在本質上是政府與非政府夥伴們在角色、功能的

互補，必須透過共同參與，尋求一套協議後的機制，以達到課責與效能的目標。尤其在公私協力夥伴關係上，「過程績效」與「成果績效」同等重要，在公共事務上，民眾不只是單純的顧客，且是政策過程中的參與者，也是政府的擁有者、共同創造者與評估者。在治理過程中，績效評估具有廣泛的效益，除了可以爭取及使用預算，讓它產生較佳效益，並能透過公共服務的效率與效能，獲得選民的信任，此為一種「課責」的效果。因此，對政府的績效評估，能建立人民對政府的支持並增加當局的合法性，即透過績效評估機制來反饋並強化民主。

1980 年代之後，公部門的績效管理改革對政府的運作和變革確實產生了重要的影響。為了因應民主治理風潮，政治家與民選官員了解如何妥善服務、滿足選民需求，以及是否能反映他們政見上所要達成的政治需求，才能幫助其政治利益的最大化（Sanger, 2008）。就行銷的觀點來說，組織的目標就是要比競爭者更有效率且用更有效的方式來滿足他們的顧客。而一個正確設計的績效評量系統將為績效管理系統提供工具性基礎（Bititci, Carrie and McDevitt, 1997）。然而，績效可能是一種主觀詮釋下的社會建構，它涉及組織產出的狀態或情形，並不必然是客觀的（范祥偉、王崇斌，2000）。政府績效考核系統除了需要將公部門的特殊性質列入考量，績效標準的爭議本質也意味著需要採用多元績效指標，因為政策實施具有不同面向，它反應所有利害關係人，包括政客、管理者、出資者、提供者、採購以及消費者的利益（Van Thiel and Leeuw, 2002）。

總體來說，績效評估的過程包括了績效衡量、績效追蹤，包括評估成效與目標是否達成？達成哪些目標？是否改變或增強民眾的認知與觀感？未來需要哪些新的目標等等。最重要的是要將評估結果完整且忠實對外說明，讓民眾知道為了提升形象、恢復公眾信任，政府從事哪些的努力，並說明預算使用方法，以評估結果以及待改進部分，作為下一階段工作起點（Kelly and Swindell, 2002; Robertson and Ball, 2002）。

值得注意的是，在公部門中，公民參與的績效評估已成為當代民主治理的趨勢之一。擴大公民參與的深度與積極性，毋寧為當前廣大民眾所期待，期盼在地方或社區事務上，能有積極參與、共同規劃的機會（胡龍

騰，2007）。「公民引領之政府績效管理」模式，便是將政府施政績效評量的權力，由過去僅由政府內部施行的方式，轉變而爲由公民參與主導，並將領航政府之權力，交還給公民大眾。

　　Jon Pierre 和 Guy Peters（2000）兩人指出，當前政府職能因爲權力分散，超國家組織、國家政府、地方政府、私人企業乃至於團體、社區、個人之間形成多面、多變的結構和秩序。地方治理的決策主體，不再侷限於中央與地方政府之間單純的互動關係。一般而言，中央政府與地方政府的關係，通常比較偏向強調國家機關的層級節制（hierarchy），因此，中央政府對於地方政府的授權，攸關地方政府的治理能力與績效表現。但學者也提出，此時地方政府更需要重新思考自身的定位，例如：角色與職能的轉變，或是建立策略性協力夥伴關係的可能性（許文傑，2003；劉坤億，2002、2003a、2004）。

　　在地方治理的背景下，地方政府的績效評估制度也歷經了實質的變革，公部門的服務效率與回應能力，成爲制度設計的主要內涵。以英國爲例，1998 年開始實施的「公共服務協議」（Public Service Agreements, PSAs）制度，規定中央及地方政府必須提出公共服務的承諾；同時，引進一套新的的指標體系，以考核地方政府的公共服務績效。後文（第五章）亦將針對英國地方政府的績效評估系統，進行更深入的介紹。

第二節　英國地方及區域治理發展概述

　　如本書第一章所述，英國地方治理的發展及內涵受到其憲法及歷史傳統影響至深，其制度的發源甚至可追溯至 1 世紀時期；中間歷經了羅馬統治、封建制度、工業革命等影響，孕育了今日英國地方政府體系的多元與異質特色。

　　英國作爲公共管理主義改革的先驅，1980 年代一連串的政府再造、行政革新運動，對地方及區域治理的影響亦非常顯著。具體而言，英國新工黨於 1997 年執政之後，積極推動了一系列地方政府改革計畫，奠定了

當前英國地方及區域治理的架構。它改善了柴契爾政府時期的中央與地方緊張關係，也讓英國各區域和地方政府之發展更加多元豐富（李長晏，2012b：119-120）。1998 年起實施的「綜合性歲出審查／公共服務協議」（Comprehensive Spending Review, CSR／Public Service Agreements, PSAs）制度，主要內涵即是以夥伴協力的方式，促使公私部門與非營利組織相互合作，達成「整合式政府」（joined-up government）方式來爲大眾提供更好的公共服務（Sullivan and Skelcber, 2002: 154-155）。在地方政府層次上，根據 1999 年所通過的《地方政府法》（*The Local Government Act*），要求每個地方政府必須針對其所提供的所有服務，事先制定「最佳價值績效計畫」（Best Value Performance Plan, BVPP），以作爲「公共服務協議」制度之一環（黃榮源，2011：2）。

特別的是，歐盟治理概念和區域治理實務，對英國地方治理也具程度上的影響。這要溯及 1980 年代，隨著歐洲整合的步調加快，包括英國在內的歐洲各國，紛紛將分權化和區域化視爲改善經濟效率的重要國家戰略。在歐洲層次上，各國「歐洲化」[1]（Europeanization）的趨勢至爲明顯，跨區域合作計畫日益增加，爲了因應歐盟多層次治理的現實，會員國家均致力推動行政區域的重劃，以期對新的形勢有較好的調適。英國受此風潮影響，跨區域合作的趨勢在國內也時有所見。在歐盟多層次治理的架構中，英國區域治理的內涵與面向更加多元豐富。然而，受英國「脫歐」（Brexit[2]）影響，各地方政府勢必將受到影響。不少學者，如 Huggins（2017）等人亦開始討論英國地方政府在脫離歐盟公民投票通過後的衝擊，尤其是在執行歐盟的法規和政策，以及結構基金的補助上面。本書第

---

[1] 指歐洲統合對會員國（或非會員國）國內之政治體系（或社經、法律和文化體系）所造成之衝擊。舉凡任何國內法政、社經、文化、制度、意念和認同體系的改變（統稱國內體制），以及政策變動，若可歸因於歐洲統合之情事，皆是「歐洲化」研究之範疇（黃偉峰，2011：394）。

[2] 這是一個用簡單的字眼來表示「英國離開歐盟」。將英國（Britain）和出口（exit）結合爲一新字 Brexit。就像希臘退出歐元區的可能性在過去被稱爲 Grexit。英國於 2016 年 6 月 23 日舉行公民投票，決定英國是否應該離開或留在歐盟。投票結果，主張離開歐盟的一方占 51.9%，要求留在歐盟的選民占 48.1%。投票率爲 71.8%，超過 3,000 萬人投票（BBC News. https://www.bbc.com/news/uk-politics-32810887）。

七章將再針對英國「脫歐」後的地方及區域治理做更詳盡的分析。

　　在制度變革與創建上，英國當代地方治理機制受到全球化及公共管理主義的思潮的影響，呈現權力下放及「歐洲化」的現象。「城市─區域」（city-regions）的治理概念，更是近年英國地方及區域治理機制的主軸，它超越了傳統的地方治理尺度，把傳統地方行政單元之間重新進行策略性的空間規劃，讓區域內各地方有更清晰的發展目標，達到區域治理的整體功能。以英國地方治理為例，若單以次國家區域為單位，會因規模過大而不能有效連結網絡與資源以達到治理效率，同時也不利於生活圈的塑造；若直接下放權力到城鎮與鄉市層級，又會產生因為規模太小不能有效整合跨行政區資源，也不利於處理諸如策略性空間規劃、交通運輸、經濟發展與規劃等問題。在這樣的多重考量下，以核心城市帶動周邊區域發展的想法提供了一個折衷性的區域發展策略方案，也促使「城市─區域」理念成為 2000 年初以來英國政府在地方治理上的新型構想（鄭安廷，2010）。「城市─區域」發展理念中最重要的命題假設在於「城市─區域」是區域發展的核心，並提供區域發展生產所必須之要素（李長晏，2011）。而影響地方資源運作的一個重要關鍵，在於其治理尺度與發展規模，在「城市─區域」機制的運作下，地方政府的既有地位及功能並未受到太大影響，甚至有機會在新的模式中扮演更積極的角色（Wilson and Game, 2011）。

　　2000 年起，英國積極推動各種創新的地方治理措施，包括「地方策略性夥伴關係」（Local Strategic Partnership, LSP）、「地方公共服務協議」（Local Public Service Agreement, LPSA）、「地方協定」（Local Compact, LC）以及「地方區域協定」（Local Area Agreement, LAG）、「跨地區協議」（Multi-Area Agreement, MAA）等各項制度機制；同時與之相關的還有準政府組織（quasi-autonomous non-governmental organization, QUANGO）（李長晏，2011），以及「大倫敦市管理局」（GLA）。這些機制或措施，有的致力於規劃新型的都會或區域政府，如：QUANGO 與 GLA；有些則在建構一種多核心的治理模式，如：LSP、LPSA 或 MAA。但究其內涵，多少都蘊含新區域主義所主張的「協力」和「夥伴」

精神，來作爲都會治理模式或區域發展架構。即是在解決區域問題時，能結合區域內各種資源，運用公部門的潛在發展力量，在地方政府、社區組織、企業組織、非營利組織之間，建立一種策略性夥伴關係。

2011 年《地方主義法》（*The Localism Act 2011*）明訂中央下放更大的權力，進一步向地方政府分權，包括：允許地方議會從事任何法律許可的活動或商業，給予地方政府和社區群體更大的財政自治權等（Wilson and Game, 2011: 391-401）。2012 年，聯合政府取消了「區域發展署」，代之以「地方企業夥伴關係」（Local Enterprise Partnerships, LEPs），讓政府和民間機構聯合起來，共同促進地方經濟發展。上述政策、措施或機制，讓原本就具有堅實的地方自治基礎的英國，逐漸建立一種協力、課責與績效導向的治理觀，亦在地方區域合作上獲得相當的成效。

第三節　相關研究與文獻探討

研究英國地方及區域治理的英文著作頗豐，分析其內容，不外乎從歷史演進、制度變革、經濟環境變遷，或由各區域特色發展之觀點切入，均具有參考價值（Hogwood, 1978; Pimlott, Donnelly and McQuail, 1996; Stoker, 2004; Sandford, 2005; Mawson, 2007; Wilson and Game, 2011; McCann, 2016）。當前國內討論地方治理、區域治理或跨域治理的文獻豐富，但出版之專書尚稱有限。其中多從理論與實務上探討當前區域或跨域治理議題，亦引介不少國際經驗以爲參照。這些研究，有些屬於論文集形式（趙永茂，2016；吳濟華、林皆興，2012；紀俊臣，2007），受限於研究對象，或專長旨趣，不易編撰主題性與系統性兼具之專書。從內容上分析，江大樹等（2016）、吳濟華等（2012）與紀俊臣（2007）較關注府際關係、都市治理及其區域規劃等主題；林水吉（2009）、朱鎮明（2013）較側重特定治理議題之協調策略或工具選擇；呂育誠（2007）則是著重在基層地方政府治理的內涵與特質。李長晏（2007；2011；2012a；2012b；2016）對區域研究及跨域治理研究甚多，在著作中也對英國都會與區域治

理之發展與機制多有探討。

　　然而，國內對英國地方或區域治理相關議題研究的文獻較少。李長晏（2011；2012b）的研究主題與架構，與本書較爲相近，提供研究過程中許多文獻基礎，但本研究更關注英國區域治理機制的設計和模型操作的過程。其他研究或論著有從地方分權理論與自治實施法制角度，討論英國地方，尤其是都會地區的治理規劃，如：王保鍵（2015；2017）針對英國委任分權（devolution）政府制度，以及英國大倫敦市治理經驗有深入探討，研究中也提出這些制度對臺灣直轄市區級政府改制的方法與啓發。他論證直轄市具「分權委任政府」本質，並認爲區級政府應以「在地決策」實施自治。

　　中國對於英國地方治理的研究起源甚早，應濫觴於清朝末年對地方自治的嘗試[3]（陳國申，2009：5）。中國大陸學者對英國地方及區域治理的研究也相對較多，例如：陳國申（2009）從歷史制度的變革，探討英國地方治理從傳統到現代的變遷；周威（2008）從普通法傳統及制度的歷史演變，分析英格蘭的早期治理。陳日華（2011）則從歷史觀察，研究中古英格蘭的地方自治，內容探討社會轉型過程中，王權與地方社會之間的互動關係，發現英國地方主義起於中世紀封建割據時代，但它的根基是建立在民族國家形成過程中所發展出來之一種良性的中央與地方關係。

　　本節僅摘要部分關於英國地方制度或區域治理研究之著作或論文加以探討，並說明其對本書研究上的啓發：

一、Garry Stoker（2004）運用英國地方治理改革中的各項基礎資料，從探索制度改革者的意圖，來分析英國地方制度改革的內涵、權力轉移及其改革成效。Stoker（2004）認爲，在英國首相布萊爾1997年上臺後，爲落實現代化政府施政目標，解決長期區域發展的問題，大力推動三

---

[3]　當時一本由日本學者水野練太郎考察英、德、法三國地方自治制度的著作，後由商務印書館所編譯以供預備立憲之用，也由此打開了時人對英國地方自治的視野。自此，後續許多研究對於英國地方自治的制度、過程及各種角色提出探討（陳國申，2009：5）。

大改革措施，即：權力下放計畫（devolution program）、地方準政府組織的存廢，及各種地方夥伴協力形式的策進等（Stoker, 2004）。事實上，新工黨政府未完全廢除地方準政府組織，因為許多準政府組織仍然肩負著公共服務的提供。儘管如此，新工黨政府還是對地方政府進行必要的改造，來強化地方準政府組織的運作，使其更具參與性與回應性，乃鼓勵地方準政府組織積極與地方政府在各項計畫與政策上進行諮商，如：區域發展機構、新成立的學習與技能地方政府、健康部門等地方準政府組織，均與地方政府保持非常良好的關係，並獲得地方政府的支持。甚至認為未來地方準政府組織，與地方政府之間更應保持良好的關係，惟準政府組織之「課責性」（accountability）仍有待進一步的解決（Stoker, 2004）。

二、朱鎮明（2004）從 21 世紀英國地方層次的變革，探討其地方治理與地方政府的現代化。研究從當代治理理論的角度，審視英國地方治理的變革和變化。朱鎮明（2004：44）指出，英國政府自 1998 年開始進行「地方民主與強化領導」（Local Democracy and Community Leadership）的活動，其目的在強調地方政府應以各種諮商方法（consultation methods），提供最大機會讓當地民眾主動參與並共同形塑地方風貌，此外，政府也必須對民眾的呼聲與期盼，做出適當性的回應。

三、黃榮源（2009b）亦認為英國地方治理的內涵已由「管理」轉向「諮商」（consultation）。他指出工黨在 1997 年重新執政後，強調地方政府要為其民眾提供「最佳價值」的新任務來代替「強制性競標」。「最佳價值」體制是一種基於實用主義的運作模式，是以有效的夥伴關係方式運作，以發揮整合的效果。因此，包括傳統的父權主義和內部取向的舊式文化都必須被摒除，轉而給予地方居民更多的發言權。在最佳價值的基礎，即在「4Cs」的精神下，在於執行層面的基礎工作，就是和民眾關係最直接的「諮商」過程（黃榮源，2009：143-144）。

四、陳國申（2009）整理了大不列顛從羅馬統治與殖民時期，一直到 20

世紀英國地方治理的歷史，認爲英國的地方治理的本質是由政治統治爲導向，漸向公共服務的內涵來轉變。治理主體、治理方式也從早期自治傳統，歷經中央集權，再到現代地方多主體治理的方向轉變（陳國申，2009：233-238）。研究認爲英國地方治理的變遷，除了可以讓國家治理更加完整，又可以促進經濟與社會條件的改善，對於公民在治理過程中的地位也有提升的功能（陳國申，2009：243-246）。然而，研究也提出不同發展階段的國家，所面臨的問題不一，解決方式也不盡相同。例如：新興工業化國家面臨著更多的民主化問題、中央與地方矛盾的問題，主要解決方式就不一定是不斷地向地方下放權力。陳國申（2009）認爲學術探討只是概括整體性的描述，事實上，各國的地方治理轉型都是非常複雜的。

五、李長晏（2011）認爲英國自 1980 年代以來，面對蘇格蘭、威爾斯與北愛爾蘭等地區之民族獨立與區域自治的壓力，以及面臨經濟全球化與中央權力不斷下放的趨勢下，在英格蘭推動區域治理乃成爲必然的選擇。這種區域問題的解決及區域發展政策的推動，在歷經保守黨、新工黨、乃至新聯合政府上臺後，區域治理體制已由過去的單一區域組織，逐漸走向目前多元的跨區域合作型式與區域治理機制（李長晏，2011：8-9）。在制度設計方面，更朝向多元、彈性發展，包括中央主導型的治理機制，如：區域發展署、區議會、政府辦公室、區域協調小組及地方準政府機構等，及地方主導型的治理機制，如：區域立法機關、郡議會、都會區管理局，並從地方策略夥伴關係、地方公共服務協議、地方區域協議或地方協定的建立，以促使區域治理制度發揮最大效果。

六、Martin（2011）則指出，英國中央對地方的管控，實際上仍是集權式的，這和世界很多區域把權力下放地方的趨勢恰好相反。他觀察在 2011 年的前十年裡，英國地方政府一直受到中央由上而下且嚴格的績效監督和財務管控。雖然這些政策有助於績效改善，但 Martin（2011）批評認爲這些政策實施的成本高昂，更重要的是破壞了地方的民主課責制度。針對這些批評，政府承諾取消外部評估，包含中央指揮的鬆

綁，以利於地方議會自我監管，並由公民參與審議。然而，這種「新地方主義」式的改革究竟能走多遠？他抱持懷疑態度。公民參與和協力的治理方式，對公共服務水準有何影響？這也是本書所要探究的問題之一。

七、Ferry 等人（2018）提出英國地方政府「公司化」的概念，並認爲是當前地方政府改革的一個關鍵動力。他們認爲，透過創建地方政府公司成爲公共服務提供的另一選項，會是未來地方治理的趨勢。這對地方公共服務的治理、績效和效率的管理，也會有重大而深遠的影響。在國家機構、市場、公司和社區之間，地方政府公司扮了一個重要的中介和運作角色。

八、其他學者如 Hogwood（1978）、Donnelly 及 McQuail（1996）等人，則是從當前實務和制度運作的角度，探討英國區域層級的治理體制和區分類型。Sandford（2005）分析 1997 年以來在英格蘭區域層級建立的許多機構和網絡，認爲英國在區域層次已發展出一種新的治理形式，其特點是注重過程中的策略協調、監督和公民參與。

九、當然，也有許多學者對英國地方及區域治理的前景感到憂慮。較近期的研究如：Copus 等人（2017）探討近年來英國地方治理實施的缺陷，認爲地方政府仍嚴重依賴中央的補助，也缺乏不受干涉的憲法保護。Leach 等人（2017）指出英國地方政府在經歷了四十年漸進累積的中央集中化之後，目前呈現衰落的狀態。他們的著作是第一部直接討論中央化進程對地方政府地位和權力的腐蝕作用，同時也建議如何糾正中央和地方政府權力之間日益不平衡的問題。這些論點和 Martin（2011）所指出英國中央對地方在財政和績效的集權式管控，有類似的憂心。Huggins（2017）則是探討英國地方政府在「脫歐」公民投票後的衝擊。他指出英國地方政府原本直接負責執行歐盟 70% 左右的法規和政策，加上它們也是歐盟結構和投資基金的主要受益者，在脫離歐盟後，各地方政府恐怕將會處於黑暗之中！（We're still largely in the dark on what Brexit means for local government.）

第四節　本章結論

　　由上述論點發現，使用「治理」理論來研究英國地方治理問題，是為當今研究該領域的主流方式。例如：R. A. W. Rohodes（1999）在其著作中以一種被稱為「權力依賴模型」來重新定義英國地方治理中的中央與地方關係，強調治理主體之間的一種網絡關係。Sue Goss（2001）也從網絡、關係及管理的變化，探討英國的地方治理。她在書中主要探討的是地方治理體系中，各治理主體之間關係的網絡化問題。強調公共服務必須要以公共價值為導向，透過「治理」所提供的即是「最佳價值」，可以對包含社區持續性、社會包容力、社區安全等各種廣泛的目標，做出有效率和效能的貢獻。Garry Stoker（2004: 3-4）的研究，有助於觀察了解英國地方制度改革的內涵、權力轉移過程，及其改革之成效。他強調地方治理應更具參與性、回應性，也鼓勵透過各類治理組織進行諮商，幫助地方政府的有效治理。李長晏（2011）清楚觀察大倫敦都會區及類似區域體制的變遷過程，認為全球政治民主再深化、各國政府對施政效能的追求，以及全球化的實質衝擊等三大國際政經發展變化，是影響英國地方治理發展的外在因素；而中央與地方之間的緊張關係、政策執行系絡的問題及組織政治社會的現象等三項，是區域主義在英國地方治理中出現的內在因素（李長晏，2011：3-4）。然而，上述學者研究的時間，基本上起始於 1970 年代末期到 2000 年初期為止，也就是柴契爾首相時期到布萊爾首相在位後期這段期間。從目前的文獻分析，無論是從歷史或法制上著眼，均為研究英國區域治理議題的重要基礎，但仍不足以體察當代區域治理的實質內涵與運作上的邏輯。

　　因此，本書後續章節將以當代英國諸多地方及區域治理個案為討論主軸，據以分析英國地方治理內涵在不同時空環境下的轉變與聚合；另外，也觀察其等如何嘗試超越傳統政府型態與框架，達到當前治理要求與問題解決之目標。對臺灣的啓示和經驗學習方面，可以透過深度了解跨域合作的制度設計，尤其解析英國跨域治理多元化的制度類型，以及中央政府各部會的整合協調機制，如：地方策略性夥伴關係、區域協調小組等，對我

國跨域事務規劃和相關學術研究，均有很大幫助。雖然兩國分屬大陸與海洋法系，英國在制度設計與規劃上具有很大的彈性，組織的建置或廢除可依政策需求而調整，與我國在機關設立與權責配置必須具備法源基礎才得以施行有所不同，但其精神與原則，是臺灣在規劃跨域事務合作方式時，值得學習仿效之處。

第三章　英國地方治理的起源與發展

本章是對英國地方治理機制進行歷史制度的回顧和分析，以作爲本書第四、第五章探討英國地方與區域治理模式建構和變革的背景基礎。研究主要從歷史制度主義途徑探索英國地方治理機制的發展軌跡，分析長時期的歷史演進與制度遞嬗，據以檢視英國當前治理制度的緣起、過程，並掌握其中的「變」與「常」。首先，介紹「行省制」及「郡區制」，分析它們對當代英國的地方治理制度建構所扮演的角色。其次，探討封建王朝時代及民族國家時期，中央集權與地方自主之間的競合。第三，檢視英國地方政府體制變革的過程與結果，以釐清英國地方及區域治理制度發展的歷史脈絡。最後，以歷史發展爲基礎，觀察 1979 年保守黨以及 1997 年新工黨執政之後，英國區域治理組織的制度變遷與變革。研究發現，「議會至上」的英國政治結構，中央集權的態勢雖然明顯，但從歷史上看，其地方自治和區域協調仍是一項悠久的傳統。

「要了解一個民族的歷史內涵，絕不是只熟悉它近五十年的歷史可以完成的，……必須回溯到所討論的問題發生之前相對穩定的歷史階段。」（列維，1990：18）許多學者亦從歷史制度途徑來分析當代治理議題。例如：Johan Olsen 在研究歐盟治理議題時，常和主流的現實主義或功能主義途徑有所差異，認爲歐洲政治體制轉變的歷史背景和系絡，才是應該關注的重點（黃榮源，2005）。基於這個觀點，本章嘗試從一個較長時期的歷史進程和制度發展，來檢視英國當前治理制度的起源和路徑。研究問題包括：英國地方治理制度的發展背景與軌跡？它們對後來的制度和實務上造成哪些影響？英國地方治理制度究竟是肇因全球化、民主化之衝擊而浮現？還是爲了解決跨域難題順勢而起？抑或是政權輪替，各自政黨依其意識型態而進行之制度變革？

有學者認爲，當代的英國區域治理機制具有一種多元化、多層次

的趨勢（李長晏，2012b：146-147），同時也觀察到英國「地方分權」
（devolution）是一個自然發展的過程（process），而不是一個深思熟慮
的政策（policy）；也就是說，英國區域治理的發展，是一個「非有意的
後果」（unintended consequence）（Sandford, 2005）。研究發現，英國早
期「郡區制」與「自治市鎮」（boroughs）制度，對日後英國地方治理制
度演進，扮演了重要的角色。甚至，在過去二千年裡，英國地方事務管理
權力在大多數時期是呈現相對「自治」的狀態。因此，1979年後出現中央
較為強勢的集權制度，並非英國「中央—地方」關係的一種常態；英國地
方與區域治理結構在1997年後的一連串分權化、彈性化與區域化發展，
嚴格說來，也不能稱之為「轉型」，而可能是「回歸」常軌。

第一節　分析架構

　　研究英國地方治理制度的變遷，必須要將特定的時空元素與內涵加以
考量，因為在從事個案或實證研究之前，如能清晰掌握制度變遷的脈絡，
將有助於釐清研究問題與結果。

　　本章分析架構如圖3-1所示，英國地方治理制度的演進，從「傳統國
家時期」開始，包含羅馬殖民時期、盎格魯—撒克遜人統治時期，以及
1066年諾曼征服時期，再歷經中世紀的「封建時期」、近代的「民族國
家時期」，一直到目前的「現代國家時期」——這階段包含1974年《地
方政府法》的實施、1997年新工黨執政等重要時間點，甚至英國脫歐以
後的地方治理態樣。在整個過程中，每一階段的治理主體內涵不盡相同，
治理型態則歷經了「單一」[1]到「多元」型態；然後再經簡化，又轉變為「多

---

[1] 此處所謂「單一型」是指地方政府體系屬於同一性質的建制，如：羅馬殖民時代的行省、城
　鎮、鄉村；以及撒克遜時代的郡、百戶區、十戶區等。而「多元」或「複合」式的治理型態
　是指在郡、區等傳統的地方政府體系之外，另有其他同時並存的治理體系，如：封建王權時
　期的「封建法庭」、中產階級出現後產生的「自治市鎮」，以及宗教性質的「教區」等。因
　此，此處所謂「單一型」不同於探討國家結構形式分類之「單一制」、「聯邦制」、「委員
　制」等內涵（參閱：陳國申，2009：235-236）。

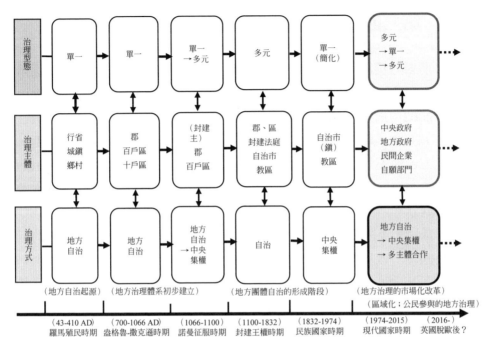

資料來源：整理自陳國申，2009；陳日華，2011。

圖 3-1　英國地方治理模式與內涵的演進

元」型態。總之，其過程是經過若干次反覆變化，並不是一種線性的發展路線。

　　如同地方治理主體變化的現象，地方治理的方式也歷經了傳統型態的「自治」，到「中央集權」，再到現代地方「自治」；其間，一度又轉為「中央集權」型態，最後再發展成為權力下放地方和「多主體合作治理」的過程。在邏輯上，英國地方治理模式依然會繼續不斷演進；而制度的變遷，也必然會受到屬於這個時代的元素和內涵所影響，如：經濟全球化、民主再深化、對政府效能的要求，甚至英國脫離歐盟等因素，都會是地方治理模式變革的重要影響變數。本章將依此架構，對英國地方治理的起源與發展加以回顧和分析，以作為後續章節探討的背景與基礎。

第二節　英國地方治理體系的演進與內涵

　　目前對於英國地方治理的研究或觀察，大多是關注於某個時間或階段之地方自治的研究，除了部分研究專注於英格蘭早期治理（Dyer, 1991；Jones, 2002；周威，2008；陳日華，2011），更多研究則是將焦點放在1980 年代以後，較缺乏對英國地方治理變遷在整體趨勢上的掌握。然而，英國地方治理不只是 1980 年代以後的事情，本節嘗試梳理英國地方治理發展的整個過程，包括每一時期的特徵、意義，以及其與新時代發展趨勢之間的關聯。

　　如前述，英國政治體制和運作，往往是因循先例或以舊制爲基礎的。現代英國地方政府體系及架構，最遠可追溯至羅馬統治時代，以及盎格魯－撒克遜時期，特別是在城鎮和鄉村分別治理的觀念上。11 世紀，諾曼人征服者威廉（William the Conqueror）引進封建制度，持續了約三百年左右（1066-1350），但隨著封建制度的衰落，原有的行政模式又再重現，英國地方治理的形式又回到「自治」的型態。從 19 世紀開始，英國地方行政發生了快速且明顯的變化，主要原因是工業革命導致人口遽增，加上人口分布也有所變化。從 19 世紀以降，英國不斷地尋找一個理想的地方政府型態，也造就了今日英國地方政府體系豐富且多元的特色。以下將針對英國地方政府各階段的治理環境、模式和運作加以簡述：（Tombs, 2014; Roberts et al., 2002）

一、羅馬殖民時代（Roman Britain, 43-410）

　　西元前 55 及 54 年，羅馬凱撒大帝二次入侵英國。羅馬人起初向英格蘭的東南方發展，再穩步向北擴張。羅馬統治英國期間（43-410），將該地稱爲「不列顛尼亞」（Britannia）。大約在西元 197 年，塞維倫改革（Severan Reforms）將英國分爲兩個省分：稱爲上不列顛（Britannia Superior）和下不列顛（Britannia Inferior）。3 世紀末，大不列顛被分爲四個省分，第五省則在西元 4 世紀設置。在羅馬占領後期，大不列顛經常受

到蠻族的入侵，過程中也經常受到帝國篡位者和一些覬覦者的控制。

在羅馬統治期間，像英國這些需要永久駐軍的地方是屬於「行省」（province）的地位。在羅馬政治或行政制度上，行省是帝國領土在義大利半島以外最高的行政管理單位，由參議院[2]（The Senate）管轄，並在羅馬皇帝的控制之下。但在實務上，帝國的省分由駐地省長（governors）（或稱「總督」）管理，他具有參議院成員和執政官的身分。這些人通常有強大的軍事成就和管理能力，因此被精心挑選擔任這個職務。省長的角色主要是軍事，但外交關係、建設道路、確保公共傳遞系統運作、在重要法律案件中擔任法官等，也都是他的職責。有時也要前往各地聽取民眾申訴，並招募新兵。為了協助省長處理法律事務，設有一位顧問和英國的法律顧問，以面對在轄區內對帝國體系法律和徵稅事務上的挑戰。財政管理則是由一名初級的監察官（Censor）[3]來處理。在英國的每一個軍團，都設有一名指揮官，向省長負責，在戰爭時期直接派駐到可能的地區。

在羅馬統治期間，在英國本土呈現出一種獨特的「羅馬—不列顛文化」（Romano-British culture），羅馬人對於改善農業、城市規劃、工業生產和建築上面，也對當地做出了一些貢獻。此時，在羅馬統治下的城鎮可以分為兩類：第一種是「公共城鎮」（public towns），屬於一種正式的規劃，其在帝國行政管理中的功能也包括公共設施的建設。第二類是許多種類的「小城鎮」（small towns），不在正式的計畫中，但為數眾多，通常是圍繞在營地、河濱或重要路口上。有的甚至沒有城牆和防衛，但具有重要的地方特色（Burnham and Wacher, 1990）。高徹斯特（Colchester）是羅馬不列顛時期最早的首府，但很快就被倫敦強大的商業功能所取代。

在大不列顛有各種形式的「市政組織」（civitas），會因不同的地區被細分為不同的型態，並分別由各地方領主所組成的參議院所管轄。各市

2　由各地領主選舉出來的參議院，主要工作為擔任司法和公民事務裁判官。參閱 Michael E. Jones (1998). *The End of Roman Britain.* p. 147.

3　監察官是羅馬共和時期的政府官職，是羅馬文職官員體系中僅次於獨裁官的職位。其職權包括人口普查、公共道德，以及對政府財政的監督。監察官一職從公元前 443 年到公元前 22 年，一共存在了 421 年。監察官的職責不僅限於羅馬城，也包括整個義大利和所有的行省。

政組織派代表參加一年一度的省級議會，以向羅馬帝國宣誓效忠，在特殊需要時，亦可以向羅馬皇帝提出直接請願。

二、盎格魯—撒克遜時代（Anglo-Saxon local government, 700-1066）

西元 790 年，威薩克斯王國（The Kingdom of Wessex）被劃分數個「郡」（shires）行政單位。在盎格魯—撒克遜時期，地方政府是由國王的身邊的高層官員或貴族（稱之為 Ealdorman）來管理的，他們透過法律和規則負責一個郡的治理。這就是後來人們所熟知的郡長（Shire-Reeve）或警長（Sheriff）稱呼之由來。隨著 Mercia、East Anglia 和 Northumbria 等新的地區逐漸被劃分為郡，郡乃成為英國地方治理重要的單位。

盎格魯—撒克遜時期在郡以下的行政層級體系，與後來的地方政府制度非常不同。在封建制度下，一個郡下轄的土地被細分為數以百計的單位，其中以十戶為一組「十戶區」（Tithings），約有十組。他們分別被分配一塊被認為足夠維持一個家庭生活的土地。一組十戶家庭是同一個課稅基礎，各十戶區必須要相互約束並為其所屬成員的行為負責。這是一個非常分散且初級的行政體系架構，但整個百戶系統是一個非常靈活和流暢的設計，基本上是把行政權下放到最基層。此時期，郡也負責維護法律，並組成民事和刑事法院，同樣也是下放司法權由人民自己管理。在募兵、收稅等工作上也是以「郡」或「百戶區」（Hundreds）為基本的行政單位。

儘管撒克遜人自由浪漫的觀念盛行於維多利亞時代，撒克遜浪漫主義真實的狀況是，地方精英們要求權力下放以保護自身的利益，也是反映英國當時在財富和健康極為不平等的現象。因此，中央政府在地方層級改革的所有努力，都會遭到地方機構的極大敵意或消極抵制。中央政府的侷限性可以從建立國家警察部隊之初的爭議來看 [4]。1829 年，當大都會警察局

---

[4] 1822 年，羅伯特・皮爾（Robert Peel）擔任內政大臣時，他負責犯罪和治安問題。皮爾和他的部長級同事認為犯罪活動的增加是對社會穩定的威脅。於是，推動《大都會員警法案》的立法。1829 年皮爾的《大都會員警法案》獲得議會批准。新法案為內政大臣控制的大倫

（Metropolitan Police）在進駐控制倫敦的街道之前，雖然刻意改穿著藍色制服而不是軍用制服慣用的紅色，但是當地政府還是積極反對和制止，就怕它變成任何形式的國家軍隊之狀況發生（Flanders, 2011: 76）。

　　類似的例子，也可以在英國成立中央銀行時看得出來。從 1694 年開始，英國從外國戰爭中所累積的債務已經十分可觀，一直到 19 世紀末，國家的大部分開支都是關於戰爭和帝國的。英國政府計劃成立中央銀行，集中財政的管理，但地方政府對於中央的規劃和企圖十分排斥。為什麼在英國地方對於中央會如此抗拒？而不像鄰國的地方及地區的無私。因為它們認為「自己只是一頭乳牛，成為國家的戰爭和帝國融資的工具（Mann, 1986）」。特別要注意的是，地方對中央權力機構的抵制，主要不是因為國家認同的問題，而是反映了地方自主期待；因為英格蘭人對民族主義狂熱，和愛爾蘭、蘇格蘭與威爾斯相較，淡薄了許多（Paxman, 1999）。

　　維多利亞時代的人經常把英國去中央化的「撒克遜」傳統，解釋為他們對中央集權漠不關心，並稱諾曼征服（The Norman Conquest）僅僅是一個歷史上的浮光掠影，影響有限。但 Hunt（2004: 259-312）認為，這只是拿它跟法國拿破崙統治的集中狂熱相比，事實上，諾曼征服時期的集權主義對英國分散性質的地方治理，仍然是有其影響的。

三、諾曼征服時期（1066-1100）

　　英國集體主義式的國家政治領導風格可以追溯到「諾曼征服」時期。1066 年，諾曼征服英格蘭為地方行政帶來了許多變化，但也保留了一些傳統。最大的變化是諾曼人引入了一套嚴密的封建制度（Feudalism）。雖然盎格魯－撒克遜社會在本質上也是封建的，但諾曼體系更加僵化、集中和徹底。征服者威廉聲稱擁有英國所有的土地，並有權處置它們。諾曼君主

敦地區建立了一支全職、專業和中央組織的員警部隊。與 18 世紀規模小、混亂的教區部隊相比，穿制服的警員體現了一種新的警務風格。然而，過程卻引來很多地方政府的不滿和疑慮。

幾乎剝奪了盎格魯一撒克遜人所有的土地，所有權集中在他的手中；然後再把這些土地獎賞給貴族，稱為「封地」（fiefs）。這塊地大到足以作為一個忠於君主的單位；但也不致於大到足夠讓競爭對手的權力中心得以發展。貴族把封地再分配給他的追隨者，也因此成就了威廉的權力基礎。

此時期，中古英格蘭每個領地的統治，或多或少集中於封建領主，雖然「郡」還在使用，也是英格蘭的主要地理分區，但盎格魯一撒克遜沿襲下來的郡縣系統已變得不是那麼重要了。諾曼征服後不久，除了英格蘭北部許多地方之外，其餘地區都在諾曼的統治之下，被組成了新的郡縣，如：蘭開夏（Lancashire）、諾森姆（Northumbria）。在此時期，「百戶區」仍然是英格蘭基本的行政單位。但因為「百戶區」系統的流動彈性特質與諾曼的僵化封建制度很難相容，儘管百戶區的規模和數量仍然繼續改變，但它們已被改變成為更正式的長期性行政部門，而不僅是一種家庭的群體。

四、封建王朝（中世紀）時代（1100-1832）

在中世紀時期，地方行政權基本上掌握在封建貴族手中，他們統治著各自封地的事務。諾曼人的農奴制度（enserfment）降低了百戶區作為自治之社會單位的重要性，而代之以教區（parish）、莊園（manor）或城鎮（township），成為基本的社會單位。郡仍然是法律制度的基礎單位，郡長仍然是每個郡最高的法律官員，每個郡都有自己的法庭制度——季度法庭（the Court of Quarter Sessions）來進行審判。儘管百戶區的基層法院仍繼續用以解決當地爭端，但它們的重要性降低了。在亨利三世、愛德華一世和愛德華二世統治時期，出現了新的制度。每個郡任命「騎士」（Knights）協助國王擔任和平的維護者。騎士有權裁判以前在百戶區法庭受審的輕罪，成為現代治安法官法院和治安法官的先驅。多元的地方治理制度是英國封建王朝時代的特徵，茲說明如下：

（一）「城鎮」的興起

諾曼引進封建制度主要是為了治理那些容易被地主控制的農村地區。由於封建制度是建立在剝削農奴的勞動和生產之基礎上，因此，該制度不適合管理範圍較大且有更複雜經濟活動的城鎮。在諾曼征服時代，真正的城市中心是很少的；到了中世紀早期，因為越來越多的人口和商業活動，導致城鎮的重要性增加。

倫敦是英國在中世紀期間最大的人口聚集點，並在阿爾弗雷德大帝（Alfred the Great）統治時期被賦予特殊地位。征服者威廉在 1075 年授予倫敦「皇家憲章」（Royal Charter），確認了倫敦市在撒克遜時期以來所累積的自主特權。該憲章賦予倫敦自治地位，可以直接向國王納稅，以換取排除在封建制度之外的權力。從此，倫敦的公民是「小農」（burgesses），而不是農奴，實際上是自由的人。威廉的兒子亨利一世也授予其他城鎮類似憲章，通常是為了要建立商業城鎮。

（二）自治「市鎮」（boroughs）的建立

到了 13 世紀亨利二世時期，城鎮與農村的區分更為擴大。亨利二世授予英格蘭周圍的城鎮大約 150 項「皇家憲章」，後來這些地方被稱為「boroughs」，有「自治市鎮」或「自治行政區」的意思。因為每年向國王繳納稅租，城鎮得以享有各種特權，如：免除封建會費、持有市場權和徵收某些稅款的權利。然而，這一時期內建立的所有市鎮並非都是自治的。

自治市鎮或行政區可說是第一個具有現代形式的地方政府。它們通常是由鎮上的市議員或由鎮上的長老所組成的治理組織（corporation）來經營。雖然每個組織型態不同，但通常都是自選的，而新成員是由現有成員共同選擇的。市長通常由議會選舉產生，並在一定時期內任職服務。由一個市鎮議會管理一個單獨城鎮的想法，至今仍然是英國地方政府的一項重要原則。

（三）政治代表（Political representation）

英國議會（Parliament）在第 13 世紀開始發展，最後成爲英國事實上的治理機構。1297 年，英國下議院（The House of Common）的代表根據各郡和行政區的行政單位來分配，大致是每個郡有兩名騎士，每個行政區有兩個小農。儘管一些非自治區人口大量增加，或者某些行政區的重要性已經下降，這一制度基本上保持不變，直到 1832 年的《大改革法案》（*The Great Reform Act 1832*）才有所修正。

（四）封建制度的沒落

14 世紀初，英國封建制度開始衰落。世紀黑死病（1348-1350）造成人口減少，也導致封建制度的快速終結。此後，領主與附庸之間已成爲房東與房客的關係。封建政權的解體，使得郡失去了管理的合法性，但法律制度和治安官仍然由每個郡負責，基層地方行政也是由個別「教區」（parish）或當地地主來提供。在如此的「小政府」時代，地方對上級管理的需求微乎其微。在治理需求越來越多的城鎮中，議會遂繼續管理地方的事務。

（五）郡的治理開端

英國的市鎮制度在中世紀晚期有了進一步的擴展。自治市鎮的地位連帶讓城鎮在郡內獲得一些特定的權力，有一些市或鎮甚至得到更多、更具體的獨立性，包括決定自己的治安官、地方法官和其他官員，有時也享有對周邊的農村地區之管轄權。他們被稱爲「⋯⋯城鎮和郡」或「⋯⋯城市和郡」，並被稱爲「聯合自治郡」（counties corporate）。其中包括：約克郡（The City and County of York）、布里斯托（Bristol）、坎特布里（Canterbury）和切斯特（Chester）。其他聯合自治郡縣的成立，大多是以處理當地的特定問題爲主，如：邊境衝突和掠奪等事件。

（六）郡的職能現代化

1540 年代，各郡設立了「副勳爵辦公室」（Office of Lord Lieutenant），取代了封建領主而成為該郡的官方直接代表。這些官員具有以前由治安官扮演的軍事角色，負責籌募和組織郡的民兵，後來也被賦予管理民兵的責任。到了 1871 年，副勳爵失去了領導民兵的位置，其辦公室成為一種儀式性的機構，沒有實質權力[5]。16 世紀以後，「郡」成為英國地方政府主要單位之地位逐漸被確認。雖然「小型政府」仍然是一個公認的準則，但已經有越來越多的責任不能由個別的社區履行。因此，治安法官採取了各種被稱為「郡事業」（county business）的聯合行政職能，這些職能是在每年召開四次的季度會議（the Quarter Sessions）或巡迴的季度法庭上進行的。

19 世紀時，郡行使了酒館許可證與修建橋梁、監獄和收容所的權力，還有對主要道路、公共建築和慈善機構的監督，以及郡的度量衡措施等。法官有權徵收地方稅收以支應這些活動，並將這些專案統一交由一個縣司庫來控管。針對修建與維護公路和橋梁，任命一個專門的測量師來負責。至此，郡的角色已具備現代地方政府的基本架構和職能，它的職能開始以法律制度來規範。在這個體系中，英國現代地方政府的一個核心要素——郡議會（county council）開始出現，也是當時唯一在郡範圍內行使公共職權的機構。

（七）「教區」的角色

19 世紀開始，英格蘭教會的「教區」在地方政府體系中扮演正式的角色。也就是說，農村和基層社區的居民，已經符合了管理一個地方政府的基本條件。雖然教區不能稱為一個具有意義的政府組織，但法律仍要求它履行某些責任。1555 年起，教區負責維護其附近的道路。1605 年起，教區要負責管理《濟貧法》（*The Poor Law*）的實施，並要為區內的窮人

5　參閱 Regulation of Forces Act 1871。

籌集資金。基本上，教區是由教區議會（parish councils）管理，教區議會當時被稱爲「vestries」，其成員通常是納稅者當中選出的，且往往是由教區人民自行選擇的。

五、民族國家時代（1832-1974）

　　英國的地方政府在過去的幾個世紀裡一直不斷重組，而且似乎仍然持續中。雖然在撒克遜和中世紀時，有許多不同形式的地方政府存在，其中不乏具有自治形式的地方政府，如：自治市鎮。但英國目前所存在的地方政府型態，卻是在 19 世紀以後漸漸演變而來的。

　　1832 年，《大改革法案》推動的背景起因於下議院的代表性不足和工業革命期間人口的大量增加（Phillips and Wetherell, 1995）。原本下議院成員是由各行政區和郡派兩名代表到國會。但在實行過程中，許多小村落變成了行政區，但也有原本在中世紀繁榮的行政區後來陷入衰退，造成議會代表性受到質疑，而有要求重新規劃的聲浪出現。1832 年改革取消衰廢市鎮名額，分配給新興城市如曼徹斯特、利物浦，同時放寬選舉權財產限制。改革前規定只有擁有永久財產權或土地價值 40 先令（shilling）以上的男性才能擁有投票權。放寬限制後，才讓中產階級獲得參政權。《大改革法案》和後續措施試圖要解決的問題，如：廢除衰敗的行政區、增加新興城鎮成爲新的議會自治區，並增加有資格投票人的比例，和結束議會腐敗的行爲，雖然不直接影響到地方政府，但它爲改革地方不合時宜和不公平的現狀提供了動力。

　　在下議會選區改革後，再通過《1835 年市政法》（*The Municipal Corporations Act 1835*），要求英格蘭和威爾斯議會或市政治理組織（municipal corporations）的成員，必須由繳納賦稅的人和議會選出，並公布其財務帳目。在 1832 年和 1888 年間，下議院陸續又通過了一些法律，試圖解決工業革命後所帶來的人口大量增加、城市化後貧民的就業和福利等問題。1837 年，允許農村教區徵稅以便進行救濟。1848 年，下議院通過了《公共衛生法案》（*Public Health Act*），在城鎮設立了地方衛生局，

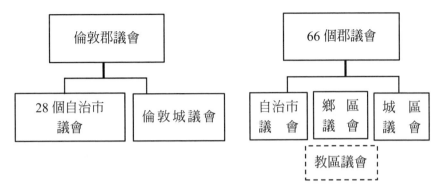

資料來源：作者自行整理。

圖 3-2　1888-1899 年重構後的英格蘭三級政府結構

主要工作在整治下水道和預防疾病的傳播。

　　1888 年，依《地方政府法》（*The Local Government Act 1888*）規定在英格蘭設立 66 個郡議會和 1 個倫敦郡議會（如圖 3-2）。這些郡議會由民選議員參與運作，成員包括一位主席，以及若干議員。該法案將原有每季巡迴的地方法院，轉型為郡議會，並負責轄區內的行政和財務工作。其中包括維護道路、橋梁和公署大樓；評估和徵收稅收與費率；任命、解僱和設置郡官員的薪水，並辦理議會之選舉。該法案也允許人口超過 5 萬之較大型自治市鎮升格成為郡的規定。

　　1894 年《地方政府法》（*The Local Government Act 1894*）規定，在鄉村地區設立民選的教區議會，同時設立了城市地區和鄉村地區的區議會，由人民選舉產生議員。然而，民選的教區議會不全然是第三層地方政府，它們比較像是小型農村的社區組織，並沒有地方自治政府的內涵。後續的 1933 年《地方政府法》（*The Local Government Act 1933*）內容，主要是合併了 1888 年和 1894 年兩項法律，進行整合。

　　倫敦的地方政府結構則是要到 1960 年代才有了重大結構性的變化。倫敦郡（The County of London）和倫敦郡議會（The London County Council）被廢除，新的大倫敦區（Greater London）是由原來的倫敦郡和其他周邊的郡整併建立。大倫敦議會（The Greater London Council, GLC）

成爲了該地區與 32 個新設立的倫敦自治市鎮共同的地方行政機關。

六、現代國家時代（1974-2015）

到了 20 世紀末，英國地方政府已經發展成一個極度複雜的系統，亟需加以簡化和改革。因此，1972 年國會通過的《地方政府法》（*The Local Government Act 1972*），針對地方政府制度進行了澈底的改革，將全國的地方政府體制簡化爲兩級制。該方案於 1974 年 4 月生效，除大倫敦和希利群島（Isles of Scilly）外，所有現有地方政府區劃都被廢除，包括所有行政郡區、自治市鎮、都市區、鄉村區、城市教區和直轄市鎮行政區。除了在所有地方重新設立新的都會市和非都會的郡，並在這些市、郡內劃分若干區（districts）。每個郡由一個郡議會，每個區由一個區議會來分別管理。

1986 年，在保守黨柴契爾政府主導下，倫敦地方政府又再次進行變革。大倫敦議會與其他六個大都會郡一起被廢除。讓各倫敦自治市鎮（London boroughs）簡化成爲單一層級的管理機關（unitary authorities，簡稱 UAs）。2000 年，成立了更大的大倫敦管理局（The Greater London Authority, GLA），爲整個大倫敦地區提供直接選舉的策略性管理機構。該機構（又稱大倫敦市政府）與 32 個倫敦自治市鎮和倫敦城（City of London Corporation）共同負責當地政府的公共服務。

在英國其他的地區，儘管經歷了 1974 年的大規模改革，最終建立了一個簡單、統一的地方政府體系，但僅僅 12 年後，這些改革也受到質疑，又被要求進一步改革。最主要的原因是 1974 年改革「一體適用」（one-size fits all）的做法，實際上並不能適用在所有區域和事物。1986 年，根據 1985 年《地方政府法》（*The Local Government Act 1985*），大都會郡議會和大倫敦議會被廢除，引起非常大的爭議。在 1986 年廢除了大都會郡議會，導致許多大都會區成爲「單一層級」的政府（如圖 3-3），也有其他大城市和行政區，希望回歸單一層級的地方治理體系。

1992 年，英國「地方政府委員會」（The Local Government

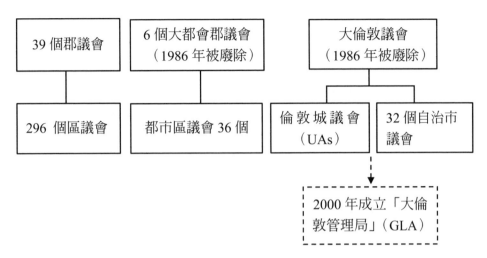

資料來源：作者自行整理。

圖 3-3　1970 年代後重組後的英格蘭地方政府結構

Commission）進行一項評估建議，除了一些特別的郡得以保留其兩層的政府結構之外，其他的郡應該改為單一層級的管理機關（UAs）。隨後 1995-1998 年間，計有 25 個郡成立單一層級的地方政府體系。到了 2009 年，又有 9 個新的單一層級的地方政府被組成。然而，在 2010 年 5 月大選後，英國成立聯合政府（The Coalition government）之後，原在 Exeter 和 Suffolk 兩個郡計劃要建立的兩個單一管理機關，但是 2011 年被國會撤銷。英國地方治理體系的變革方向，似乎還未完全明朗。

　　總體而言，現代英國地方政府結構，從 1986 年起又陸續進行了多次改革（見表 3-1）。其趨勢是減少地方政府和議員的總數，並進一步走向單一層級管理機關的模式，已漸漸擺脫 1972 年改革的兩級結構[6]。

6　See Office for National Statistics, Historical boundary change, for details of changes up to 1998; Office for National Statistics, United Kingdom: Local Authority Districts, Counties and Unitary Authorities, 2012, for subsequent changes.

表 3-1　1986 年以後英國地方政府結構的變化

時間	內容／結果
1986	廢除 6 個大都會郡議會和大倫敦議會，將其部分職能交給聯合委員會或其地區的自治市鎮議會。
1994	在蘇格蘭和威爾斯分別由 32 個和 22 個單一層級的管理機關取代兩級制。
1996-98	在英格蘭建立 46 個新的單一層級管理機關。
2003-04	東北部、Yorkshire & Humber 和西北部地方單一層級管理機關的改革，配合英格蘭北部的民選地方議會的計畫一併進行。但兩個計畫都沒有成功。
2007-09	英格蘭各地以申請方式，共建立 9 個新的單一層級管理機關。
2014-15	將北愛爾蘭的 26 個區議會合併為 11 個更大的區議會。將威爾斯 22 個單一層級管理機關合併為 10-12 個較大的單位。

資料來源：Briefing Paper, *Local government in England: structures*. Number 07104, 21 December 2018, p. 18. London: House of Commons Library. (www.parliament.uk/commons-library|intranet.parliament.uk/commons-library)

七、「脫歐」後的改變（2016 年之後）

　　英國於 2016 年 6 月 23 日舉行「英國脫離歐盟」（Brexit）公民投票，最終結果有 51.9% 的選民支持離開歐盟。這項結果的影響非常廣泛，而在地方治理層面的影響主要有兩方面：（一）英國地方政府在脫歐後面臨哪些挑戰和機會？（二）地方政府如何因應這個變局？許多學術研究集中於脫歐事件對於國家層面的影響，如：對北愛爾蘭、蘇格蘭和威爾斯權力下放的討論；甚至是關於蘇格蘭獨立問題的辯論，及北愛爾蘭邊界的爭議，但脫歐對於英國地方和區域治理所帶來的影響，目前並未有太多討論（Huggins, 2017）。

　　事實上，歐盟對歐洲各地的地方政府及區域治理有很大的影響力，其中歐盟「結構基金」（Structual Fund）和 1994 年開始運作的「歐洲區域委員會」（Committee of Regions, CoR），對歐洲各地區或地方的財政協助與區域發展更扮演十分重要的角色（黃榮源，2011；2013）。尤其是 1988 年「結構基金」改革後，讓各區域或地方次國家行為者、各國政府和

歐盟理事會之間，形成所謂的「垂直整合」，也提高了各區域或地方政府加入歐洲整合運作的意願。據「英國地方政府協會」（Local Government Association，簡稱 LGA）估計，各地方層級政府直接負責執行歐盟約 70% 左右的法規和政策，例如：採購和基金補助，直接影響到各地方政府或區域組織公共服務的提供和日常運作。地方政府也是歐盟「結構基金」和各項投資補助的主要受益者。據估計，在 2014 年至 2020 年之間，英國從這些基金獲得約 53 億英鎊的收益（Huggins, 2017）。

各區域或地方政府以「歐洲區域」（Euregion）[7] 的形式加入歐盟區域委員會，等於是歐盟正式承認地方政府在歐盟體制結構的地位，還提供了超越當地領土界限的發展與合作機會。地方政府利用這些優勢，在布魯塞爾設立辦事處，遊說歐盟機構，成為獲取資金平臺，並與其他歐洲區域或地方政府進行跨國網絡合作，同時與歐洲夥伴分享政策創新和最佳做法，甚至影響歐盟政策。本書第四章將會針對此議題作更深入的分析。

上述過程，讓地方政府和區域成為英國最「歐洲化」的一部分。然而，在脫離歐盟公民投票運動期間，常提到脫歐後對邊界貿易和生活層面的衝擊，卻很少論及「脫歐」對英國地方治理本質和結構上的影響。自公投結束後，脫歐對地方政府的衝擊，仍然沒有做一系統性的評估和因應。英國政府關於英國撤軍和與歐盟建立新夥伴關係的白皮書中，對此一問題只有 28 字的討論，而且是含糊不清的 [8]。

英國許多地方政府已經在努力掌握脫歐後的轉變及其影響，包括透過

---

[7] 《馬斯垂克條約》後，歐盟「區域與地方機構會議」，正式名稱改為「區域與地方機構委員會」（Committee of the Regional and local Authorities），或簡稱為「區域委員會」，並在 1994 年舉行第一次會議。區域委員會作為歐盟的諮詢機構，具體代表歐盟地方政府機構的利益，有權對歐盟相關政策發表建議和看法。至 2012 年 9 月為止，它共有 344 個會員，代表 344 個歐洲區域，其中有 209 個屬於地方政府，由縣市長或議長代表；另 135 個會員代表全歐不同的區域。

[8] "We will also continue to champion devolution to local government and are committed to devolving greater powers to local government where there is economic rationale to do so." 「基於經濟的理由，我們將會繼續地，並承諾將更大的權力下放給地方政府。」（Department for Exiting the European Union, *Policy paper The United Kingdom's exit from, and new partnership with, the European Union.* Updated 15 May 2017）

地方政府協會等組織，或是某幾個地方政府[9]主動研討英國脫歐後對地方的影響、挑戰及機會。但是，由於人們對此議題缺乏關注，這將對英國地方治理的未來，留下了陰影。英國地方政府及區域層級機構是否能繼續依賴歐盟資金的專案協助？在英國離開歐盟後，地方政府能否找到可以取代歐盟對地方及區域所提供的資金挹注平臺？地方當局是否能讓它們的聲音被聽到並影響英國脫歐談判的過程？最重要的是，從歐盟回歸的權力，是否會下放給地方政府，或者重新集中在中央？這些議題都將影響未來英國地方政府或區域的治理及服務走向。本書第七章將針對英國脫歐後的地方治理及其可能的制度調整再加以剖析。

第三節　趨勢的探索與評析

　　由上述過程可知，英國地方政府制度在不同的時代、不同的政黨主政下，皆有程度不等的變革或重組，但事實上，變革或重組的過程並非都是順利的。例如：1974 年的大規模改革，最終建立了一個簡單、統一的地方政府體系，但不到二十年的時間，這些改革又受到質疑，被要求進一步改革；所以，英國政府在 1992 年時，將地方政府體制改為單一層級的架構。

　　但在多元又複雜的英國地方治理環境下，並不是將權力下放地方，就可以獲得所有區域的青睞，例如：新工黨政府在 1997 年在英格蘭設立了 8 個地區議會（regional assemblies），並且下放更多權力給這些地區，結果引起了許多爭議[10]。2004 年 11 月，英國東北部地區舉行了一次該地區擬議的公民投票，結果是「不同意」設立地區議會，因此計畫被取消。然而，在 2010 年 5 月大選後，由保守黨與自由民主黨（The Liberal Democrats）組成「聯合政府」，為實現其競選主張「從大政府到大社會」

9　例如：西利群島（Isles of Scilly）、Cornwall 或「布里斯托脫歐回應團體」（Bristol's Brexit Response Group）等。
10　主要是關於這些地區議會的結構、權力和職能的辯論。更為重要的是，選舉產生的地方議會其目標與內涵究竟是民主還是經濟？民選區域與經濟成功之間的關聯性尚不清楚。即大眾需求和區域認同之間的融合仍然是粗略的（參閱 McQuail, Paul and Mark Sandford, 2001）。

（from big government to big society），限縮政府的權力，致力擴張社會的功能，撤銷了 Exeter 及 Norwich 兩市設立單一式議會的命令，並進一步禁止執行類似的提案。聯合政府聲稱中央政府已經變得「太龐大、太干涉、太多控制、太官僚化」（too big, too interfering, too controlling and too bureaucratic）[11]，承諾將儘速推動權力下放。2011 年 11 月通過的《地方主義法》（Localism Act 2011）、《政府機構法》（Public Bodies Act 2011），內容即包含了許多加強地方政府功能和自主的措施。2016 年起，英國政府再通過的多項城市及地方政府分權方案，賦予地方更大的自主權[12]。

　　英國是一個單一制的國家，但集權主義似乎不是其地方制度建構的底蘊及內涵。從羅馬統治時期的「行省」，到盎格魯─撒克遜時代的「郡縣」制度，開始了城鄉分別治理的觀念。11 世紀諾曼人所引進嚴密的封建制度，相當程度地左右了當時英格蘭的地方治理模式；但一段時間過後，原有的行政模式再現，英國地方治理又回到了「自治」的態樣。若將視野拉到近代英國政治史，亦發現有類似的現象或趨勢。

　　當前英國地方政府的基本架構是在 19 世紀建立起來的，主要法制基礎包括 1888 年和 1894 年的《地方政府法》，以及 1899 年的《倫敦政府法》。1970 年代以後，地方政府角色、治理結構、職能定位、權力流程以及區域劃分，都發生了許多曲折的變化。若從較宏觀的角度來看，基本上是從 1930 年代的地方民主化，1960 年代首都行政結構改革，1979 年後的中央主導地方，到 1997 年後的中央與地方的府際協力治理，再到 2011 年《地方主義法》深化推動的「夥伴關係」治理。這段期間，英國政府嘗試構建企業型政府管理文化，轉而致力建構中央政府、地方政府和企業之間的合作夥伴關係，亦即從傳統的行政，朝向管理主義發展，再逐漸轉型為一種協力的公共治理型態。檢視這一過程，中央政府與地方政府表面上是

11　參閱："Localism, localism, localism." Department for Communities and Local Government, 2012. (https://www.politics.co.uk/reference/local-government-structure). Retrieved on 2019.05.24。

12　例如：英國下議院於 2015 年 5 月通過《2016 年城市及地方政府權力下放法》（The Cities and Local Government Devolution Act 2016），旨在英格蘭和威爾斯的合併地方行政機關（combined local authorities）引入直選市長，並將住宅、交通、規劃和警務權力下放給它們。

處於一種「非均衡」的博弈或拉鋸狀態（宋雄偉，2014），然而，若把這些變化和改革，放在一段較長的歷史中去觀察，還是可以窺探和整理出一些線索及趨勢，也就是地方自主的治理模式爲常態，偶有出現的中央集權應屬例外。

一、權力轉移方向：從中央到地方？或是回歸自治傳統？

2012 年，英國政府在闡述其地方治理變革的主軸時，喊出「地方主義、地方主義、地方主義」（Localism, localism, localism）的口號；強調英國政府正在從根本上把權力從西敏寺轉移到全國各議會、社區和家庭。並稱：一個激進的地方主義者之願景就是把腦袋翻轉，通過中央政府的權力下放，賦予人民權力[13]。

綜觀這一波的權力下放與地方自治浪潮，應該始於 1979 年以後。英國在 1942 年提出「貝佛里奇報告」（The Beveridge Report）[14]，開始建立一套從搖籃到墳墓的社會福利體系。然而，到了 1970 年代末，財政赤字和官僚主義盛行，所謂的「英國病」（British disease）[15]嚴重阻礙了國家的發展。1979 年，柴契爾夫人贏得大選後，實施政府再造，在地方層次上，開始對地方政府的結構加以整頓。在中央與地方的關係上，也從合作轉爲緊張的對抗關係。

首先，地方政府財政權力受到限制。柴契爾政府大規模削減政府公共福利支出，也緊縮地方政府的經費，如：減少中央政府對地方政府的補

---

[13] 參閱英國社區及地方政府部（Department for Communities and Local Government, DCLG）官方網站：https://www.gov.uk/government/organisations/ministry-of-housing-communities-and-local-government/about, 2012. Retrieved 1 June 2019。

[14] 1942 年「貝佛里奇報告書」（The Beveridge report :social insurance and allied social service）提出「福利國家」（Social welfare states）概念，建議建立一套完整的社會安全體系，同時認爲政府有責任提供衛生、教育、住宅及就業等方面的社會福利措施，以建構英國福利國家的藍圖，而這種強調政府責任的論點，在此時期達到高峰，此報告書也成爲現代福利國家社會安全制度的主要架構。

[15] 「英國病」是指 1960 年代後英國經濟停滯，完整的社會保障制度和主要產業的國有化導致社會福利負擔增加，國民工作積極性下降，既得利益滋生等經濟、社會問題頻出的現象。

貼，保持在地方收入的 40% 以下。其次，引進「強制競標」（Compulsory Competitive Tender，簡稱 CCT）制度，將市場機制應用到地方公共服務的供給上。再者，實行「執行機關」（executive agency）制度，讓決策與執行分離，且更重視績效與課責。執行機關所涉及的業務包括：社會保障、衛生管理、環境維護等，其目標是在地方政府與私人部門、社會組織，以及其他「非公共部門機構」（Non-department Public Bodies，簡稱 NDPBs）共同參與下，讓地方公共服務變為一種多元化的「網絡」模式。整體而言，地方治理結構已由「地方政府」擔任領導者，開始轉變為「地方政府」、「中央政府派出機構」、「私部門組織」和「第三部門」合作治理網絡中的參與者。

　　透過上述的觀察，我們不妨再回顧到更早期的歷史。諾曼人在 1066 年征服英格蘭，同時引進了一套嚴密的封建制度。當時的執政者威廉，幾乎將英國所有的土地納入政府的管制之下。儘管如此，傳統英國的地方治理單位——「百戶區」，仍然是基本的行政單位。「百戶區」系統的彈性與變化特性，似乎與諾曼時期的僵化封建制度很難相容，但它已經成為英格蘭人習以為常的基本行政部門。在封建制度下，盎格魯—撒克遜時期的體系並未消失，尤其是在郡以下的行政層級。這種非常分散的行政體系，卻是一個非常靈活和可行的設計，基本上是下放行政權到最基層，由小區域的居民實行自治。所以，一旦封建政權解體，即使「郡」失去了管理的合法性，但法律制度和治安官仍然由每個郡負責，基層地方行政也是由個別教區來繼續運作。在這種由小區域居民自治的「小政府」傳統中，對中央或上級管理的需求是很少的。雖然在現實上，中央的資源補助是地方生存的依賴，但地方自主和彈性的本質，一直以來是英國地方治理傳統的基因。

二、中央控制下的「合作治理」：撒克遜傳統再現？

　　1990 年代末，布萊爾領導的工黨政府試圖透過「最佳價值」計畫等制度化的「合作治理」方式，由政府主導，引進公民社會力量，共同解決

諸多社會問題。新工黨政府結合公民社會價值和績效文化，來重塑政府結構，最終目的在於提升政府效能，也同時滿足社會大眾的需求。首先，該治理結構希望加強中央政府「權力核心」的地位，從最上層制度設計，讓中央引領服務的推動；同時，又能改善和地方的關係，讓治理得以有效到達基層。前項做法是在內閣中設立了直接對首相負責的機構來推動地方治理，具體措施有：設置公共服務改革辦公室、首相執行中心和策略推動中心等；對地方政府及其合作夥伴上，使用「跨地區協議」（MAA）等機制，將地方服務提供者整合起來；也強調地方「合作式」的公共服務，發揮第三部門的治理能量。整體策略目標是以協同、合作的方式，解決日益複雜的治理問題。最後，再運用參與協商式的財政預算制度與績效目標體系，如：「綜合歲出審查／公共服務協議」（CSR/PSA）機制，來克服地方治理機構的「分散化」問題。

　　如前所述，維多利亞時代的人經常把英國去中央化的「撒克遜」傳統解釋爲他們對中央集權漠不關心，但這似乎過於簡化歷史的背景與現實。從歷史來看，至少從維多利亞時期以來，英國中央政府與地方的關係是較爲鬆散的，只要地方保持安寧，中央政府就會對地方採取放任，甚至無視的態度。只有當疾病或暴亂危及大都市時，中央才會決定對地方採取必要作爲。然而，地方政府較窮，對於健康、居住、醫療等急迫需求，最終還是需要設法說服中央政府提供協助，或隨後在地方進行公共福利和衛生的改革（Hunt, 2004: 13-44）。

　　從另一方面來看，所謂「撒克遜浪漫主義」眞實的狀況，是地方精英們爲了保護自身的利益，而要求權力下放。總之，1980年代以來的英國地方治理，雖然是執政黨爲了改變當時的治理困境，而進行的一系列變革，但其核心主軸並未脫離「撒克遜傳統」的歷史系絡，中央政府對地方政府的改革，側重於加強和保障中央政府的權力，並在一定的範圍內下放權力，由地方及社會團體自行負起治理責任。

三、「地方主義」的邏輯與困境

2011 年 11 月，英國國會通過了《地方主義法》（*Localism Act 2011*），該法案被視為是近期關於地方政府改革的核心要旨。主要是針對中央政府長期干預地方政府自治權的情形，提出擴大地方政府和社區權力及資源的立法。法案全文共分為十大部分，包括：地方政府制度、歐盟金融制裁、非國內利率、社區賦權、規劃、住宅、倫敦事務、強制徵收補償及一般等涉及地方政府的各項改革 [16]。但《地方主義法》中的「分權」改革，仍顯現了「中央集權」的企圖，在地方政府在追求「地方主義」的同時，仍面臨著決策權、人事權和財政權的嚴重限制。從法案的內容分析，「集權」元素頗為明顯，一方面強調給予地方政府新的自由權和彈性，另一方面又納入許多內容用來限制地方政府的自治權。例如：法案中強調地方政府享有「普遍的權力」（General Power of Competence），但其定義極為模糊，大意是只要地方居民有需求，且這種權力沒有被轉移至其他機構或被禁止使用，地方政府即可行使這種權力，來滿足公民需要。然而，實際情況中，要實現這種權力必須得到司法機構的批准。

另外，雖然規定地方政府擁有財產權，但中央有權決定是否將地方政府建議的財產稅率，進行「公投」表決。主管英國地方事務的機關「社區與地方政府部」更不時表現出對地方政府強勢的干涉態度，讓人對於英國中央政府下放權力予地方的決心存疑。總之，該法案的推出，尚不能看到撼動中央政府集權化的現象，只是清楚宣示地方需要更多的權力下放。究竟目前的地方治理發展，是反應傳統「西敏寺主義」[17]（強調首相是內閣中最高的權力中心）？還是回歸「撒克遜人遺產」（Saxon heritage）（地方

---

[16] 2011 年《地方主義法》內容包括 10 大部分：地方政府（Local Government）、歐盟金融制裁（EU financial sanctions）、歐盟金融制裁：威爾斯部分（EU financial sanctions: Wales）、非國內稅率等（Non-domestic rates etc）、社區賦權（Community empowerment）、規劃（Planning）、住宅（Housing）、倫敦（London）、強制收購補償（Compensation for compulsory acquisition）及一般類（General）等。參閱 *Localism Act 2011*, UK Parliament。

[17] 是指遵循英國國會體制，奉行議會至上原則的議會民主制，以英國國會所在地西敏寺為名。學者李帕特（Arend Lijphart）將之歸類為「西敏寺模式」（Westminster model）。

事回歸地方人處理）？還有待後續歷史的檢驗。

第四節　本章結論

　　研究英國地方政府的發展，有兩個重要的關鍵點。第一，它在策略方向上呈現了一種漸進主義模式，歷史傳統和制度演進之間，具有很高的關聯性。除了在特定時間點上，中央政府會被迫採取中央集權式的地方治理結構外，大部分時間是採取所謂「撒克遜人遺產」的地方治理模式，也就是只要「地方人」（the locals）保持有序，倫敦（中央政府）就會採取放任，甚至無視的態度。只有當疾病或暴亂侵犯大都市，或是在地方民眾強烈要求的情況下，中央才會對地方採取一些作為。第二，自 1066 年諾曼入侵以來，政府經常試圖實現它的集權控制，但近 1000 年來卻很少達到目標。因此，英國地方政府的歷史，一直在國家集權崇拜的「諾曼枷鎖」（Norman Yoke），以及分散混亂的「盎格魯─撒克遜傳統」之間擺盪著（Leisink et al., 2013: 72）。以「政府區域辦公室」（Government Offices for the Regions, GOs）的興衰為例：英國於 1994 年成立政府區域辦公室，其任務是協助推動公私協力夥伴關係。但在批評其干預和介入地方自治權的聲浪中，最後於 2010 年後逐一關閉，自成立到熄燈，歷時僅 15 年！

　　本章檢視了英國地方治理近兩千年的歷史，發現英國在大部分時間呈現一種地域性、自主性較高的治理模式。然而，在過程中偶有出現中央集權的例外或斷續階段，如：諾曼征服後的封建時期，以及 1979 年後的保守黨執政時期。近期的發展，高喊「地方主義」優先，強調下放權力給予地方或社區，看似「回歸」傳統的地方自治傳統，但從政策推動或實踐上的軌跡來看，目前中央政府的集權主義情結，並不亞於柴契爾夫人和布萊爾首相主政時期。誠如宋雄偉（2014）的評論，英國中央「傾向於把地方政府看作是中央政府在地方的一隻手，而不是地方社區的服務機構。」研究英國政府的人都了解「西敏寺模式」為其制度的主軸，在「巴力門（議會）至上」的結構上，中央部門集權的態勢明顯；但從歷史上看，英國地

方自治和區域協調仍是一項悠久的傳統，尤其在 1999 年《地方政府法》施行後更加明顯。

　　對於中央與地方關係的討論，可以做如下比喻：中央集權就像是一條力大無比的「神龍」，是政府管理中的基石，但人民也畏懼牠的巨大，要求對其加以束縛；自治乃是地方人民的基本權益，但往往又期待有神龍的保護。如何取得平衡？一直在考驗古往今來的人性與現實。英國地方自治在傳統國家時期和現代國家時期的型態是否有所不同？從 1980 年代以後，變遷頻率、速度更快，內容更加劇烈，是否有新的因素，如：全球化、經濟或科技等，造成歷史制度的「斷續」現象更加頻繁？如果是，則英國地方治理的軌跡是否有結構性的變化？還是已經轉變爲一種新的「常軌」？未來的發展與結果如何？值得再予觀察。

第四章　當代英國地方政府體制的變革

現代英國地方政府架構奠基於 19 世紀，1888 年到 1899 年之間的地方法制建設，讓英國地方政府制度有了較正式的規模。本章首先介紹當前英國地方政府結構，包括其設計及其運作現況。其次，分析現代英國地方治理體制的變革，從地方主義、跨域治理、協力夥伴關係等概念切入，歸納 1980 年代以後的地方治理原則及趨勢。1970 年代起，環境及時空變化，導致英國地方政府角色、職能及權責關係都發生了許多的變化。從較宏觀的角度來看，此時的地方治理模式是從「中央主導」，演變到「府際協力」治理，最後再演進到一種地方主義色彩的「夥伴關係」，強調一種中央政府、地方政府、企業和公民之間的合作關係。這與傳統行政和地方自治的內涵不同，更強調政府與社會協力的公共治理型態。最後，介紹當代英國地方治理的運作方法。包括：公民組織參與治理、地方政府的整合治理，以及諮商制度等。這些制度變革或治理型態的演進，其主軸實為追求地方主義精神的實踐，也是長久以來英國民主價值的延伸。

本書第三章從歷史制度中觀察英國地方治理的演進與發展，發現「自治」態樣，一直是英國地方治理中的主流。從羅馬統治時期的「行省」制，到盎格魯─撒克遜時代的「郡縣」制，奠定了英國地方治理的基礎和規模；即便歷經諾曼人三百多年的封建統治，撒克遜傳統的地方自治精神仍然沒有消失。本章首先介紹當前英國地方政府結構，包括其設計及其運作現況。其次，嘗試分析現代英國地方治理體制的變革、原則及趨勢。時間大約從二戰結束後的「福利國家」[1] 時期，到 1979 年柴契爾上臺，經

1　福利國家（Welfare State）是指英國等西歐國家在二次戰後的一種政治社會發展型態。主要是國家通過創辦並資助社會公共事業，實行和完善一套社會福利政策和制度，對社會經濟生活進行干預，保證社會秩序和經濟生活。

過 1997 年起新工黨執政，再到 2010 年的保守、自民兩黨的聯合內閣。最後，介紹當代英國地方治理主要的運作方法，尤其側重基層的參與和「諮商」（consultation）機制。

第一節　當前地方政府制度與結構

　　整體而言，目前英國地方政府結構包括三個層級[2]、二種類型、六種單位。即英國地方政府常見有「郡」、「區」或「自治市鎮」，以及「教區」三個層級；但在職權運作上主要分為：「一級制」和「兩級制」兩種。前一類是由單一型管理機構（unitary authorities）來統籌；第二類通常是由「郡議會」和「區議會」（district councils）來共同治理。在實務運作上，因地區不同，英國地方政府型態呈現多元色彩，常見的地方治理單位可以概分為：郡議會（county councils）、區議會、單一型管理機構、大都會區（metropolitan districts）和倫敦自治市鎮（London boroughs）等五種。分別說明如下：（DCLG, 2012）

一、**郡議會**：管轄區域包括整個郡的範圍，並提供該區域內絕大多數的公共服務。一般來說，郡議會負責工作涵蓋教育、公路、客運、交通規劃、社會照護、圖書館、廢棄物處理和發展策略規劃。

二、**大都會郡級議會**：管轄包括整個大都會區郡區的範圍，並提供該區域內絕大多數的公共服務。大都會郡議會負責工作涵蓋教育、公路、客運、交通規劃、社會照護、圖書館、廢棄物處理和發展策略規劃。

三、**區議會**：每個郡均被劃分成若干個區（district）。每一區設置區議會，如果該地區具有自治市鎮（borough）或城市（city）的地位，亦

2　最基層為「教區」；第二層包括非都會及都會型態的「區」、「倫敦自治市鎮」及「倫敦城」；第一層為「郡」及「大倫敦市」（GLA）。其中部分郡、區合併成為單一型管理機構（UAs）。若加上 2009 年起，英格蘭 9 個「區域」（region）建置，英國地方治理結構即有四個層級（如圖 4-1）。

或稱爲市鎮議會或市議會（borough councils or city councils）。相較於郡議會，它涵蓋一個更小的地區，提供更多的地區型服務。區議會負責的工作大致有住宅、文康娛樂、環境衛生、廢棄物收集、計畫實施及地方稅收等。

四、**大都會區級議會**：大都會下的區通常是單一式管理機關，它們也可以被稱爲大都會區議會、大都會市鎮議會或大都會市議會。大都會區負責的工作大致有教育、公路、客運、交通規劃、社會照護、住宅、圖書館、休閒娛樂、環境衛生、垃圾收集、廢棄物處理、計畫應用、策略規劃和地方稅收等。

五、**倫敦自治市鎮**：原則上，每一個倫敦自治市鎮都是單一的管理機關。但大倫敦市政府或稱大倫敦管理局（Great London Authority, GLA）提供整個大倫敦範圍內特定項目的政府服務，或分擔某些公共服務的責任。基本上，各個倫敦自治市鎮各自負責區內的教育、公路、交通規劃、社會照護、住宅、圖書館、休閒和娛樂、環境衛生、廢棄物收集與處理、規劃應用、策略規劃、地方稅務等工作。而 GLA 則負責交通與運輸規劃、消防和策略規劃等項目的統合工作。

六、**單一型管理機構**：許多大的市鎮（borough）或一些較小的郡（county），會採用單一型的管理機構，也就是它只有一級的地方政府。這類機關可以是市議會、自治市鎮議會、郡議會或區議會。此種單一型式機關，負責管理轄區內之教育、公路、客運、交通規劃、社會照護、住宅、圖書館、休閒娛樂、環境衛生、廢棄物收集與處理、計畫執行、策略規劃和地方稅收管理。

　　上述地方政府職能，有些是郡、區級議會共有的；有些則是郡、區分別負責。基本上，郡層級地方政府的職能較屬於統合性、規劃性較高者；區級議會的職能則是偏向個別和執行層次的工作，詳如表 4-1。

表 4-1　英格蘭地方政府的職能與分工

職能	層級
文藝、休閒	郡／區
出生、死亡、結婚登記	郡
建築規章	區
殯葬火化	區
幼兒服務	郡
海岸保護	區
社區安全	區
特許權移轉	郡
消費者保護	郡
地方稅率	區
經濟發展	郡／區
教育（包括特殊教育、成人教育、學前教育）	郡
選務與投票人註冊	區
緊急應變計畫	郡
環境與健康	區
高速公路、街燈、交通管理	郡
住房	區
圖書館	郡
執照註冊	區
市場與市集	區
礦物與廢棄物規劃	郡
博物館與藝廊	郡／區
停車管理	郡／區
大眾運輸與規劃	郡
規劃	郡／區
公共廁所	區
公共衛生	郡

表 4-1　英格蘭地方政府的職能與分工（續）

職能	層級
社會服務，包括老人長照	郡
運動中心、公園、遊戲場	區
街道清潔	區
旅客服務	郡／區
交易標準	郡
垃圾收集與清運	區
廢棄物處理	郡

資料來源：Briefing Paper, *Local government in England: structures*. Number 07104, 21 December 2018, p.19. London: House of Commons Library. (www.parliament.uk/commons-library|intranet.parliament.uk/commons-library)

　　如表 4-2 所示，英格蘭目前既有兩個層級的議會共 353 個。其中屬於兩級制的非大都會型的郡區議會有 228 個，包括 27 個郡議會（不包括 Isle of Wight），以及 201 個區議會。另有將郡、區合一，成為一級制的地方政府，包括有 33 個倫敦市鎮議會（包括 1 個倫敦城）、6 個大都會郡議會，36 個大都會區議會、55 個一級制的郡行政機關，加上希利群島，共 56 個。上述地方管理當局僱用了 200 多萬人從事公共服務，包括學校教師、社會服務人員、警察、消防員和許多其他文職和技術勞動者，其中教育為地方提供的最大服務。

表 4-2　英格蘭各級議會（councils）統計

單位：（個）

單位類型	郡議會	區議會	大都會郡	大都會區	倫敦市鎮	其他（希利群島）	共計
二級制	27	201	6	36			353
一級制	55				33	1	

資料來源：整理自 Department for Communities and Local Government, Directgov 統計，2012。

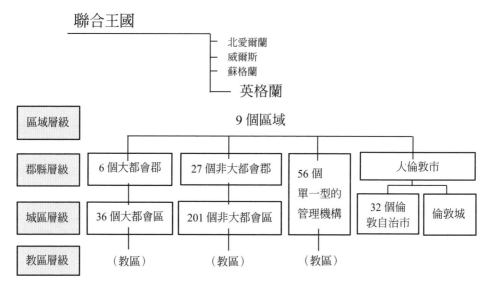

資料來源：英國政府網站 Directgov, 2012。

圖 4-1　英格蘭地方政府結構及數目

　　更精確地說，英國有部分地方政府在郡或區的層級之下，具有第三個層級（如圖 4-1），通常稱之為鎮（town）或教區（parish），鎮或教區議會負責的是更小地區的服務，例如：公園、社區中心、發放款項和戰爭紀念儀式等。英格蘭以外其他地區，如威爾斯和蘇格蘭地區都有單一型的地方政府體系，提供所有當地的政府服務。在北愛爾蘭則有民選的地方市鎮、市和區議會，提供諸如廢棄物處理、街道清潔與維護等服務。

　　但必須強調的是，英國地方政府結構經常是修正變動的。例如：Dorset 郡原由 1 個非大都會郡（原分為 6 個非大都會區）和 2 個單一管理機構所組成，在 2019 年 4 月 1 日起改由兩個單一管理機構的組合。2019 年 4 月 1 日，Suffolk 郡的區數從 7 個減少到 5 個，但這些新區不是採單一管理機關，郡和區議會的兩級結構仍然有效。現有的 Buckinghamshire 郡議會和 South Bucks、Chiltern、Wycombe 和 Aylesbury Vale 等區，預計

將在 2020 年 4 月被一個單一管理機構所取代，改稱爲白金漢郡議會 [3]。這些案例充分體現英國的地方治理的多元、彈性色彩，尤其表現在實務的運作上面。如圖 4-1 所示，若再加上 2009 年以後陸續成立的九大「區域」（region）治理機制，英國地方治理層級似乎就成爲四級體制（本書第六章將續予討論）。

第二節　制度演進與治理變革

在過去的幾個世紀裡，英國的地方政府體系亦是一個不斷重組的過程，從歷史制度主義的角度觀察，預期類似的變革還是會繼續不斷。自 19 世紀以來的幾次地方政府法制建設，奠定當前英國地方政府的結構。然而，1980 年代以後全球政經情勢發展，以及國內政治社會局勢的演變，讓英國地方治理內涵增添了許多新的元素。本節首先整理英國地方政府體制的歷史發展，其次探討當前英國地方治理變革的趨勢與原則。

一、現代地方政府體系的確立、合併與重構

英國在撒克遜時期開始，經歷了許多不同形式的地方政府存在，其內容已在第三章評介，不再贅述。然目前的地方政府型態，可以說是在 19 世紀以後漸漸確定其輪廓的。

英國現代的地方政府體制乃是建構在法律的基礎之上。從 1832 年取消衰廢市鎮代表名額，再到 1835 年《市政法》通過，開啓了地方治理民主化的進程。然而，這種民主化主要仍是集中在自治市和郡的事務當中，但在廣大的鄉村地區，仍未見民主的實現。1884 年的《人民代表法》（*Representation of the People Acts*）統一了議會選舉中的城鄉選民資格，

---

[3] 參閱 "The Local Government (Structural and Boundary Changes) (Supplementary Provision and Miscellaneous Amendments) Order 2019." (http://www.legislation.gov.uk/uksi/2019/615/contents/made)。下載日期：2019.06.02。

隨後在 1885 年訂定了城鄉地區議席分配的人口比例。郡治理的民主化在
這波議會改革之後，才開始步上軌道。

　　根據 1888 年、1894 年及 1899 年的三項法律爲基礎，建立了英國地
方政府的基本架構：1888 年《地方政府法》（*The Local Government Act
1888*）將 1884 年《人民代表法》所確立的民主原則運用於郡的治理之中；
同時，規定設立 66 個郡議會和 1 個倫敦郡議會；1894 年《地方政府法》
（*The Local Government Act 1894*）規定，在鄉村地區設立民選的教區議會
（parish councils），同時設立了城市地區和鄉村地區的區議會；1899 年
的《倫敦政府法》（*London Government Act 1899*）將倫敦郡（The County
of London）劃分爲 28 個大都會自治市鎮（metropolitan boroughs），取代
區議會，並將部分權力從倫敦郡議會轉移到市鎮層級。1894 年《地方政府
法》的制訂，主要是爲了簡化地方政府結構，也規定以民主選舉產生的議
會爲基層城區、鄉區的權力機構，全面負責該地方治理事務。至此，原有
的治安法官對於郡的管理權被民選議會所取代，使主權在民的精神在現代
地方政府體系中得以確立，也成爲英國地方治理一種新的趨勢（Barthwal,
2018: 16）。

　　到了 20 世紀初期，於 1933 年再推《地方政府法》（*Local
Government Act of 1933*），內容大致整合了 1888 年和 1894 年兩項法令。
但眞正揭開英國地方政府重組之序幕是大倫敦議會（The Greater London
Council, GLC）的成立。英國政府於 1957 年成立「赫伯特委員會[4]」（The
Royal Commission on Local Government in Greater London），調查倫敦
地方政府制度的改革事宜；1960 年發表報告，對改革首都行政提出了許
多建議。1963 年《倫敦政府法》對該方案進行了修改和執行。自此，倫
敦的地方政府結構有了結構性的變化。主要變革有：廢除倫敦郡和倫敦
郡議會（The London County Council），建立了新的大倫敦區（Greater
London），設大倫敦議會，成爲該地區與 32 個新設立的倫敦自治市鎮和

4　全名稱爲「大倫敦地方政府皇家委員會」，又稱「赫伯特委員會」（Herbert Commission），
　　成立於 1957 年，1960 年發表對改革首都行政建議的報告書。

1 個倫敦城共同的地方行政機關。GLC 主要負責提供更全面性的服務，例如：消防、道路、廢棄物清理等；而住宅、社會服務及圖書館則由諸自治市各自提供。

到了 20 世紀末，開始將各歷史階段累積堆疊且相當雜亂的英國地方政府體系加以簡化。主要是 1972 年《地方政府法》（*The Local Government Act 1972*），將全英國地方政府體制簡化爲兩級制。廢除所有行政郡區、自治市鎮、都市區、鄉村區、城市教區和直轄市鎮行政區，並在所有地方重新設立都會「市」和非都會的「郡」，並且在這些市、郡內劃分若干「區」（districts）。郡、區皆由各自議會分別管理。

1986 年，倫敦地方政府又再次進行重大變革。大倫敦議會（GLC）與其他六個大都會郡一起被廢除。各倫敦自治市鎮（London boroughs）簡化成爲單一層級的管理體系。2000 年，成立了目前的大倫敦管理局（The Greater London Authority, GLA）。GLA 又稱爲大倫敦市政府，市長由人民直選，爲整個大倫敦地區的策略性管理機構。該機構與 32 個倫敦自治市鎮（London boroughs）及倫敦城（City of London Corporation）共同負責當地政府的公共服務（關於 GLA 之架構及運作，將於本書第六章詳述）。

二、現代地方治理變革的趨勢與原則

如前章所述，英國地方治理的典範歷經一段長時間的演進。從二次世界大戰後的情況來看，當時工黨政府大刀闊斧進行改革，主要包括 1946 年的國民保險和醫療法案、補貼居民住宅方案，以及公共教育改革等，讓英國迅速打造所謂的福利國家（陳國申，2009：161-163）。這個趨勢，加上工黨原有的國有化政策方針，造就了後來英國中央集權的治理環境。在福利國家目標實現的過程中，地方政府的角色必然會發生變化，也就是學者陳國申（2009：175）的觀察：從過去「守夜人」（Night watchman）

國家 [5] 地方與中央「互不往來」，發展到地方政府成爲福利國家的積極參
與和執行者。

　　到了 1979 年保守黨的柴契爾政府時期，一種中央主導式的地方自治
更加明顯，同時也開始整頓地方政府的結構，並緊縮地方政府的經費，引
進「強制競標」制度，將市場機制運用到地方公共服務的供給上。此期
間，中央與地方形成一種緊張的對抗關係。1997 年新工黨上臺，次年實
施「綜合性歲出審查／公共服務協議」制度，被認爲是當代英國政府協力
治理的濫觴，並逐步追求一種中央、地方與社區居民之間的夥伴關係。該
制度主張以「整合式政府」方式，使公、私部門及非營利組織之間協力合
作，以一種夥伴關係爲大眾提供更好的公共服務。在地方政府層級訂定
「最佳價值績效計畫」，作爲其與大眾之間的「公共服務協議」（Sullivan
and Skelcber, 2002: 154-155；黃榮源，2011：2）。2011 年《地方主義法》
施行後，地方治理中的夥伴關係更加明確成熟，並成爲治理的主流。

　　關於上述各個時期地方治理發展的概況與特徵，概述如下：

（一）「地方配合」時期（1965-1978）

　　主要是指「福利國家」時期。在二次戰後，尤其是工黨執政時期，
地方政府福利國家中獲得新的角色，其職能也有了變化。一方面是道路、
電氣供應、醫療等原屬地方的事務被移轉；另一方面是地方政府被強化或
賦予新的職能，如：地方教育、住宅提供、社會服務等（Leach and Percy-
Smith, 2001: 56）。然而，這些新的職能（如：住宅管理、教育政策）卻
往往是中央政府「委託」的性質，地方政府充其量只是實施中央福利政策
的工具或代理機構（Stewart, 2000: 35）。

　　隨著地方職能的變化，地方政府財政也隨之改變，因爲執行福利事
項增加，導致地方支出大增，但因爲只是代理執行的職能，地方政府無法

---

5 小政府主義者認爲政府應該限制在「最小化」的狀態，如同「守夜人」的角色，只維持如法
　庭、警察等主要特定功能。通常傾向政府權力走向小型的管轄範圍（如：城市和鄉鎮），而
　不是較大的管轄範圍（如：州和國家）。

自主支配地方收支，比如 1970 年代中期，英國地方政府能夠自主支配的
支出僅占全部開支的 35% 左右（Wilson and Game, 2011: 208）。但地方
政府財政上最大的變化，應該是英國進入福利國家之後，中央對地方財政
補貼占地方收入中的比重越來越高，尤其是固定撥款部分，占了中央對地
方資助的 90% 左右（Richards, 1983: 93）。隨著委託事項、財政補貼的增
加，大量對地方政府的立法和監督也隨之出現。這些包括：立法監督、
司法監督、財政影響，以及對地方的巡查、通報等（陳國申，2009：179-
180）。從這個角度來看，顯示中央集權正在不斷地加強，地方自治權也在
不斷地被弱化。也就是說，中央對地方的扶助，拉近了各地公共服務的差
距，但這同時也降低了地方自治的水準（Harling, 2001: 180-181）。

　　縱觀這一階段英國地方治理的特徵有：一、現代地方政府體系的建
立：包括 1960 年代首都倫敦首都政府結構的變革，以及 1972 年《地方政
府法》對英國地方政府體制的簡化等，都是「主權在民」憲政精神在地方
層次的體現；二、地方政府成為中央政府福利政策的執行工具：雖然這
一階段的地方自治看似弱化，但學者觀察認為，英國地方政府此時已經
是「物是人非」（陳國申，2009：181），公共服務的提供和效率變成地
方政府的第一追求，地方自治只能退居其次了（Lagroye and Wright, 1979:
24）。

（二）「中央主導」時期（1979-1997）

　　主要是指保守黨柴契爾首相主政時期。二次戰後的社會福利體系，造
成英國財政負荷，嚴重阻礙國家的發展。1979 年國會大選是一個分水嶺，
保守黨贏得大選後，柴契爾首相開始實施「柴契爾主義」式的政府再造，
英國政治與公共政策從此有了根本的改變。在地方層次上，是對地方政府
的結構及其財政加以整頓。首先，是地方公共支出的限制、訂定地方徵稅
額度上限，緊縮中央對地方政府的預算經費和補貼等。其次，以「強制競
標」方式，將地方公共服務市場化，政府的職責是適度的管理，而不是自
擁財產與民營企業競爭。柴契爾認為一個在經濟上實施國有化，社會生活

受國家控制的地方，絕不會繁榮昌盛。因此，開始實施一個和福利國家截然不同的治理模式。

在地方政府體制改革上，推動地方政府的扁平化。柴契爾上臺後，提出一級制地方政府的設置的規劃，主要目的是要減少地方政府職能範圍，並降低地方政府開支。首要目標是工黨控制的大都市區地方政府；初步撤銷了大倫敦及六個都會郡政府，宣稱要將地方治理功能收回給較接近人民的層級，如：倫敦的「市鎮」、都會區的分「區」（柴契爾，1994：195）。於是，1985 年開始著手宣傳規劃，1986 年 4 月，大倫敦及大曼徹斯特等六大都市區政府就被撤銷了，它們的職責轉交給下屬的城區議會、自治市議會或特別的聯合委員會。1990 年代後，以單層地方政府代替郡、區政府的改革越加擴大（Butler and Butler, 1986: 439）。

上述改革，的確因為地方政治、行政人員人數減少而降低了行政開支，這些地方政府的自主權也因此而增加；但由於大倫敦市等地方政府的解散，原來的職權交由特別委員會或中央政府行使，讓這些地方事務脫離了民選機構的治理，削弱了地方居民對地方事務的自主權；同時，地方事務的治理變得越來越複雜混亂，民眾常常無所依循，加上郡區之間的衝突、服務規模過大超越市鎮邊界等問題，讓地方政府組織重組的效果大打折扣（王振華，1996：123）。至 1990 年代初，在英格蘭形成的單層制地方政府只有 46 個，仍然還有 238 個區和 34 個郡被保留下來，1974 年重組形成的郡中只有 4 個被單層地方政府所取代（Stewart, 2003: 185）。

總之，柴契爾的保守黨政府對英國地方治理改革的貢獻，是將市場與民間機構引入地方公共服務的機制當中，從中也降低政府的開支，增加財政的透明度。但他們以中央集權方式來恢復傳統地方自治的改革措施，卻引來很大的爭議，柴契爾也因此得到「支持地方民主的中央集權政府」的矛盾封號（Harris, 1989: 213）。

（三）「府際協力」時期（1998-2010）

1997 年，布萊爾領導的工黨政府上臺，以「最佳價值」原則，推動

中央與地方政府，甚至民間組織的協力治理。其主軸是由政府主導，引進公民社會力量，共同解決社會與國家所面臨的問題。該治理結構仍重中央政府「權力核心」的地位，透過制度設計，讓中央引領服務的推動，同時修補、改善和地方的緊張關係。整體策略目標是以協同、合作的方式，解決日益複雜的治理問題。再運用參與協商式的績效預算制度，同時解決地方政府效能和課責的問題。

在地方政府結構的改革上，布萊爾政府也有新的發展，主要是展現在區域化政府（regional government）的設立上。區域化政府改革的目的，在相當程度上是爲了要修補保守黨單層地方政府改革所帶來的結構性困境，其特徵是新設立的地方政府單位有了更大的管轄範圍，特別著重在較大區域內未來的共同發展規劃，以及協調各組織之間的衝突。大倫敦的重新設置便是一個重要例子。

大倫敦重新設置是工黨在 1997 年大選中的重要政見，在勝選後，先於 1998 年 5 月透過公投表決通過了恢復設立大倫敦市（管理局）的決定。隨後在 1999 年通過《大倫敦政府法》，根據該法規定，2000 年選舉產生大倫敦（GLA）的議會和市長。特別的是，新設立的大倫敦政府不是要恢復過去的大倫敦議會（GLC），而是要創造一種符合現代化的「新型的政府」。新的議會比一般地方政府的規模要小，由一名市長和 25 位議員組成。在新制中，選民每次要投兩票，一票是選舉區域代表，議員中有 14 名由 14 個選區以單一選區制選出；另一票則是由比例代表制選出 11 名議員，代表整個大倫敦。市長則是在單獨的市長選舉中產生的（關於大倫敦市管理局的設計與運作，將於本書第六章詳述）。

除了大倫敦市的重構之外，工黨政府也嘗試在倫敦以外的地區進行區域化改革。2002 年，工黨政府公布《你的區域，你的選擇》（*The 2002 White Paper, Your Region, Your Choice*）白皮書後，地方政府結構調整的方案又再次被啓動（Stewart, 2003: 189）。到 2002 年爲止，英國地方政府的數量已經下降到 442 個[6]，每一地方政府的平均人口規模則上升到了 12.8 萬

6　至 2012 年，英格蘭又降到 353 個。其中包含兩級制的郡、區議會，以及一級制的地方政府。

人，是 1970 年代平均人口數的四倍（Denters and Rose, 2005: 161）。但應特別注意的是，儘管工黨政府也推動地方政府規模擴大，但其邏輯與 1990年代保守黨單層地方政府的規劃有所不同，布萊爾工黨政府的意圖是要成立更大的區域型政府，雖然這些區域型政府還是以過去比較重要的單一層級地方政府爲基礎來建構，但主要策略是要負責協調該區域內的整體規劃，而不是用來直接提供各種具體的服務（Stewart, 2003: 189）。

　　上述地方或區域治理制度的變革，除了讓地方、區域和中央政府做更好的府際合作之外，另一個層面也是爲了提倡公民對地方治理的直接參與，強調政府的運作程序和機制應是開放的，這對下一階段地方治理中的公、私及社會夥伴關係的推進，實具有重要的意義。

（四）「夥伴關係」時期（2011-）

　　2010 年 5 月，由保守黨與自由民主黨組成「聯合政府」，其施政主軸爲「地方主義」、「去中央化」及「大社會」（big society）。其中，「大社會」計畫是首相卡麥隆（David Cameron）在大選時的重要政見，其主要目的在表明保守黨已和過去的柴契爾主義不同，也希望透過這一方案給英國社會帶來變革。爲實現其「大社會」的政見，將工黨政府的「第三部門辦公室」（The Office of the Third Sector）改爲「公民社會辦公室」（The Office for Civil Society），國會並於 2011 年通過《地方主義法》，它被視爲是近期英國地方政府改革的核心內容，主要是針對中央政府長期干預與支配地方自治權的現象，提出擴大地方政府和社區權力及資源的立法。綜言之，政府要給英國公民照顧自己社區的手段、工具與資源，讓社會再生（Espiet-Kilty, 2016）。

　　聯合政府在地方治理上的革新作法是鼓勵成立地方策略夥伴關係，並自負其責，帶動經濟發展。例如：該方案成立一個名爲「社會網絡基金會」（The Society Network Foundation）的慈善機構。在成立的前四年得到了大約 200 萬歐元的國家彩券資金和政府補助。但該基金會後因涉嫌

濫用資金，於 2014 年結束運作 [7]。2011 年，成立「大社會資本」（The Big Society Capital）、「大社會銀行」（The Big Society Bank），由英國各大銀行提供該組織 2 億英鎊資金。英國政府的意圖是要為大社會計畫釋放 780 億英鎊的慈善資產，為了創造需求，政府宣布將 25% 的公共服務契約轉讓給私部門和志願部門 [8]。在 2010 年 11 月設立「大社會獎」（The Big Society Awards），旨在表彰在英國開展的各項社區工作。2011 年，試辦「國家公民服務」（The National Citizen Service）方案，這是英格蘭 16 或 17 歲少年自願參加的個人和社會發展計畫，至 2013 年，計有 30,000 名年輕人參加。2010 年通過《學院法》（*The Academies Act 2010*），引入了免費的特許學校，使家長、教師、慈善機構和企業能夠開辦自己的學校。2010 年至 2015 年間，英國批准開設了 400 多所免費學校，全國計有超過 23 萬人受益 [9]。

2011 年《地方主義法》有關賦予社區權力一節，為社會公益基金會、志願機構和其他團體創造了新的權利，這些團體可以向議會提出申請政府所提供的服務。此外，還編制了「社區價值資產清單」（Assets of Community Value），如商店、酒吧和運動場館等，雖然是私人資產，但對社區有價值者，可以向議會提出申請補助；如果以後要出售這些資產，也會協助社區更容易投標和接管該資產。

另外，推動聯合政府積極推動「企業區」（Enterprise Zones, EZs）方案，在全英格蘭的指定地區，提供稅收減免和政府支援，協助民眾經營事業，特別是針對新公司或擴張的企業。企業區成為地方經濟的推動力，其產生的所有成長利潤都由相關「地方企業夥伴關係」（LEPs）和地方政府當局保有 25 年，並可再投資當地經濟 [10]。這反映了聯合政府對長期經濟成

---

[7]　Oliver Wright (27 November 2014). "PM's office ignored official advice to stop funding failing Big Society charity". *The Independent*. Retrieved 02 August 2018.

[8]　"Francis Maude vows to unlock £78bn in charitable assets for big society". *The Guardian*. 11 February 2011. Retrieved 02 August 2018.

[9]　"Prime Minister announces landmark wave of free schools". *Gov.uk*. Department for Education. Retrieved 21 March 2017.

[10]　HM Government, "Looking for a place to grow your business?" (https://enterprisezones. communities.gov.uk/about-enterprise-zones/#communities). Retrieved 21 July, 2019.

長的承諾，以及幫助民眾發展工作技能。

　　然而，《地方主義法》中的「分權」改革，仍被批評爲隱含「中央集權」的實質內容，尤其在人事權和財政權上更爲明顯。如：法案強調只要地方居民有需求，且這種權力沒有被轉移或被禁止，地方政府即可行使這種權力。在實質上，就是一種必須得到批准的權力。也因此有批評認爲，卡麥隆的改革不是公民社會的復興，或是由公民接管福利國家，而是讓一些人的公民權私有化，進而去排斥另一些人（Espiet-Kilty, 2016: 9）。因此，《地方主義法》的推出，雖然清楚宣示地方需要更多的權力下放，似乎還不能撼動中央政府集權化的現象。

　　現代英國地方治理各發展階段及其基本原則，歸納如下：

表 4-3　現代英國地方治理發展階段及原則

階段	福利國家	中央主導	府際協力	夥伴關係
期間	1965-1978	1979-1997	1998-2010	2011-
執政黨	工黨	保守黨	（新）工黨	聯合政府
施政理念	大政府 計畫經濟	新右派 新公共管理 小政府	第三條路	自由的保守主義 夥伴政府
地方治理機制	中央政府指導	中央主導的 協力關係	公、私部門 協力治理	公、私及社會夥伴 關係
地方治理工具	傳統行政	強制競標 契約外包	地方策略夥伴 最佳價值績效計畫	分權委任 城市協議
服務提供方式	政府直接提供	私部門間接 提供	多部門協力 間接提供	多部門夥伴關係間 接提供

資料來源：作者自行整理。

　　如表 4-3 所示，英國在 1965-1978 年之間的「福利國家」階段，執政的工黨政府屬於社會主義之政策立場，主張所謂「大政府」、「計畫經濟」的型態。在地方治理機制上，基本上是以中央政府指導爲主，所以在公共服務型態上較屬於傳統行政國家由政府直接來提供的。

　　1979-1997 年期間的地方治理是屬於「中央主導」型。當時由保守黨

柴契爾、梅傑兩位首相執政，被稱為「新右派」，奉行新公共管理主義，主張「小政府」型態；在地方治理機制上，屬於一種中央主導的協力關係。這時期的地方治理工具主要是「強制競標」原則，將公共服務以契約外包方式，主要由私部門來間接提供。

1998-2010 年是為「府際協力」階段，工黨在 1997 年重新執政，宣稱走「第三條路」；在地方層次，則深化公、私部門協力治理，主要的地方治理工具有「地方策略夥伴」（LSPs）、「最佳價值績效計畫」（BVPP）等；其公共服務型態是透過多部門協力的方式來間接提供。

2011 年以後，進入到所謂的「夥伴關係」階段，保守黨與自由民主黨（The Liberal Democratics）組成聯合政府，保守黨卡麥隆首相強調其為自由的保守主義，推動所謂「夥伴政府」；在地方治理上，強調公、私及社會的夥伴關係。相關的地方治理工具則有「分權委任」、「城市協議」等。在此階段，公共服務型態主要是透過各部門夥伴關係來間接提供的。

第三節　當前地方治理主要的運作方式

如前所述，當代英國地方治理自 1998 年起朝向一種中央與地方整合，以及公、私部門及非營利組織協力合作的型態發展，也就是透過夥伴關係的治理模式，來為民眾提供更好的公共服務。本節將列舉三種當前地方及區域治理的運作方式——公民組織參與社區治理、地方政府的整合治理、居民及夥伴團體的諮商，分別加以說明。

（一）公民組織參與社區治理

研究英國公共治理的學者 Goss（2001: 19-20 & 40）曾經指出，公共服務之目的即是增加公共價值，而增加公共價值就需要贏得大眾對解決方法的支持，讓產出的服務更貼近公眾的需求。換言之，治理系統應引入市民力量，或以設置基金等方式，讓服務委託或提供，更具附加價值（add value）。Goss 的看法與傳統的公共行政或公共管理主義不同的是，

認為公共服務並非只是聚焦在效率的提升，而必須要以公共價值（public value）為導向；即透過「治理」，提供最佳的價值（the best value），以符合人民的需求，提高使用者的滿意程度，並對各種廣泛的目標（包含社區永續性、社會包容力、社區安全等）做出有效率、有效能的貢獻。就此，Goss（2001）列舉了英國公民組織參與社區治理所採用的多種形式：

表 4-4　英國公民組織參與社區治理形式

類型	訊息開放	聽證、諮商	願景探索	判斷、決定	授權支持政策制定
途徑方法程度	公告欄	調查或訪談	諮商工作室	民意測驗	鄰里委員會
	傳單、定期通訊	焦點團體追蹤研究	願景工作室	市民評審團	城鎮房地產計畫
	政府報告	公眾會議	情境模擬的開放公民活動	對話工作室	國宅租戶管理組織
	調查、諮商的回饋	公民專題論壇	尋找專屬的社區發展計畫	社區事務管理團隊	社區發展信託公司
	年度績效報告	電子或視聽信箱	使用劇院和多媒體	社區工作室	社區簽約夥伴關係
	網路資訊與溝通			共識與認同會議	住民投票

資料來源：作者整理自 Goss, S., 2001, *Making Local Governance Work: Networks, Relationships and the Management of Change*, New York: Palgrave。

　　如表 4-4 所示，公民參與形式有多種具體的類型，公民也會以不同途徑、方法和程度的參與方式，達成不同的參與目標。英國地方治理也倡導公民能夠透過多樣的參與途徑，為社區發展謀劃策略，貢獻力量。在學理上，對公民參與形式的分類存在著各種角度的看法：從政府或公民組織在參與中的作用來看，公民參與包括政府主導的公民參與形式，或公民組織主導的參與形式；從公共政策過程看，公民參與大致由公民創制與複決、公民參與政策制定、公民參與政策執行等若干形式組成；以政府期許公民參與的目的來看，包括：獲取訊息、增強公共政策接受性、建立合作關

係、投入社區公共事務管理等為目標的公民參與形式；若從公民參與形式
產生的時間來看，公民參與包括歷史延續下來的參與形式，以及地方治理
創新的參與形式等（Goss, 2001）。

（二）整合治理

　　學者 Perri 6 等人（1999; 2002）指出，面對當前多層治理結構和多
樣化的治理網絡體系，地方政府需要建構一種「全觀型治理」（holistic
governance）的體制。即是透過不斷地檢視衝突和跨組織協調，強化互
動，整合各方利益，以減少衝突，達成合作。因此，分權、參與、多中
心、網絡化的治理模式，給地方政府協調社會利益關係和解決衝突，帶來
了廣闊的思考空間。也就是說，地方政府及其管理者，面對變化的治理環
境，除了一般管理原則及手段，更需要具有遠見的政治謀略、治理藝術、
權變能力和資源動員能力。

　　當今，公共政策目標不再是由政府單方面來決定，而是透過參與過
程的多元利害關係人在不斷互動影響中達成。在此基礎上，解決政策問
題網絡組合的類型和層次，決定網絡協調與整合的運作方式。Perri 6 等人
（1999; 2002）描述英國地方治理中，政府促成相關利害關係人達成共識
與合作所採用的協調、整合方式如表 4-5：

表 4-5　英國地方政府之整合治理

關係的類型	利益主體間關係的形式	具體手段
協調	• 共同商討問題 • 對話 • 共同規劃	• 考慮對利害關係人彼此影響的策略發展目標 • 交換分享資訊 • 臨時的共同規劃和共同工作
整合	• 共同工作 • 共擔風險 • 衛星式 • 策略性聯盟 • 共同體 • 合併	• 臨時或暫時的協助 • 參與主體基於願景和使命，長期共同規劃和工作的關係 • 獨立的利益主體聯合共同創造一體化機制 • 參與主體形成長期的共同特定核心使命 • 正式行政性的統一或整合 • 創造新的組織結構，達成新的共識

資料來源：Perri 6, D. Leat, K. Seltzer and G, Stoker, 1999, *Governing in the Round: Strategies for Holistic Government.*

　　為了在治理網絡中尋求解決問題的共同基礎，地方政府需形成一系列溝通、斡旋、談判的機制和策略。一方面可由地方政府自身充當仲裁人，調解衝突各方的利益之爭。另一方面也可以委託第三方，擔任調解人，召集衝突的利害關係人，從中斡旋，解決問題。政府要建立解決社會衝突的長效安全閥機制，形成社會利益表達、互動和協調的管道。唯有透過體制內的合法方式解決衝突，才能防止衝突轉化為大規模的社會危機。

　　由此論述作為基礎，在治理運作過程中，應釐清政府、管理者角色及相關利害關係人間的互動、功能調整與整合方式，並提供了解決衝突及治理問題的見解與方法。

（三）居民諮商（resident consultation）

　　英國的「諮商」（consultation）是一個法定的決策程序，英國政府亦頒布了諮商原則、運作守則和規範，以為政府部門進行諮商的指導。所謂「諮商」是指在某些情況下，政府需要更詳細地了解居民、合作夥伴或社區對於影響他們之特定問題的看法所進行的一系列活動，因此，對地方治理而言格外重要。它包括聽取和理解當地人的意見，然後再做出決定或確定優先事項[11]。從技術上而言，諮商是讓當地民眾有機會和發言權影響重要決策的各項活動，這種居民意見調查通常指不同群體試圖達成某種協議的活動，尤其那些影響他們的重大變更或建議，例如：關閉學校、區域開發或更新規劃等。

1. 英國政府諮商制度簡介

　　英國地方議會的諮商程序，通常是基於法定的要求，如：最佳價值立法（Best Value legislation），包括：如何進行這諮商都有嚴格法定的規則。如果未能按照這些規則進行法定諮商，必須承擔司法上的責任。此外，亦有其他不是法定上的理由所進行的諮商，包括：改善政策規劃和決策；更

---

[11] 英國「地方政府協會」（Local Government Association）：https://www.local.gov.uk/our-support/guidance-and-resources/comms-hub-communications-support/resident-communications-4 Retrieved 21 March 2017。

有效利用資源；獲取新資訊、想法或建議；鼓勵積極參與議會的活動；藉以獲得認可的治理正當性；用以衡量居民對議會的滿意度；確保議會的活動符合居民的需要和期待。這些非法定的諮商雖沒有法律地位，但確實使議會能夠聽取具有代表性之各界人士的聲音。

英國政府公布了一套政府諮商原則，以為政府部門進行諮商的指導。最新版本為「2018年諮商原則」[12]（*Consultation Principles* 2018），內容如下：

(1)諮商應明確和簡明；

(2)使用簡明英語，並避免字母縮略用詞；

(3)諮商應有目的。不要為了諮商而諮商；

(4)諮商應內容豐富；

(5)諮商只是人民參與進程的一部分；

(6)諮商應持續一定時間；

(7)諮商應有針對性或目標性；

(8)諮商應考慮到所有諮商的團體；

(9)諮商結果應在同意後公布；

(10) 諮商應便於審查；

(11) 政府應對協商做出的反應，並及時公布（通常在 12 週內）；

(12) 諮商工作應避開地方或國家選舉期間進行。

諮商工作是一項必要的活動，對於政府單位來說，諮商可能非常耗時，而要求居民提供資訊時可能相當耗費時間和資源，被要求參與的人也常感到厭煩。在開始諮商之前，應先檢查所要找的資訊是否已由議會持有，或可在其他地方提供？其他地方或合作夥伴組織最近是否進行了類似的諮商？或是否已在全國推行類似的工作？人們可能會因為組織在同一段時間重複進行明顯類似的諮商而感到困惑。所以，減少「諮商疲勞」（consultation fatigue），收到的答覆數量可能就會增加。同樣重要的準備

---

[12] 參閱英國政府網站 https://www.gov.uk/government/publications/consultation-principles-guidance。

工作是要明確告知所屬議員、高級文官、合作夥伴和通訊團隊，目前計畫要開展的諮商活動。其用意是有助於提高組織內的向心力，還可以建立組織資料檔案，減少居民參與重複機會，促進其發言權，也有助於風險的管理和策略協調。

　　但仍有許多情況可能不需要諮商，包括：須服從政府嚴格指令的決策、既定決策且不會改變任何結果者、已有更好方法收集所需資料、已經明確知道答案者、議會的迴旋餘地有限，因此任何諮商都毫無意義者（例如：法律限定或預算限制）。就此，地方政府協會公布的「新對話：實現更有效的居民參與指南」（*New Conversations – the LGA's guide to achieving more effective resident engagement*）[13]，提供了一個有用的工具，說明決定是否需要進行正式諮商。

2. 諮商的實施程序及規範

　　英國政府諮商作業，基本上依據「諮商作業守則」[14]（*Code of Practice on Consultation*）之規範進行。內容包括：諮商時機、諮商進行期程、諮商範圍和影響、諮商進行的管道、諮商的回應性等範疇。茲概述如下：

(1)正式諮商應在有影響政策結果的階段進行；

(2)協商通常應持續至少12週，但在可行的情況得予延長；

(3)諮商文件應明確諮商過程、提議內容、影響範圍及提案的預期成本和效益；

(4)諮商運作的設計，應明確針對且方便於那些期望參加的人；

(5)應將參加人的諮商費用或負擔保持在最低限度；

(6)應仔細分析諮商答覆，並在諮商後向出席者提供明確的回饋；

(7)進行諮商的官員應就如何開展有效的諮商提供指引，並分享相關經驗與知識。

---

[13] Local Government Association. 2017. *New Conversations – the LGA's guide to achieving more effective resident engagement*, p. 35.

[14] 參閱 BERR, 2008, Code of Practice on Consultation. London: BERR; Andrew Black, 2018, *Public consultations: UK experience*, London: Department of Health, UK。

　　重要的是，諮商應在有意義的前提下進行，一旦決定進行諮商，要確保讓人們有足夠的時間來回應，以及要確保在做出任何決定之前，給予足夠的時間來分析結果、評估流程並考慮所有的觀點。諮商的規模應與提案或決定的潛在影響成正比。而諮商過程的時間長短，則視下列幾項條件而定：選擇的諮商管道為何？諮商者參與的能力？以及季節時間不同（例如：學校假期？適逢選舉期間？）、尋求回應的層級差別等因素。如果有其他地區正發生同樣事件，也會成為影響諮商的優勢或不利因素。一般而言，最佳實務的建議是要 6 到 12 週的諮商過程。在此過程中，還應了解特定諮商主題的法律要求與規則。如果要進行一次重大的諮商，應該提前計畫，尤其是不常開會的利害關係人可能需要更多時間討論他們的答覆，甚至可能需要留出額外的時間來宣傳和推廣這項諮商。

　　為了辦理的單位和參加的民眾有所遵循，諮商的實施都需要正式的程序來引導。由於在「諮商作業守則」中並未詳細規定，因而另行再頒布「諮商作業規範指南」（*Guidance on the Code of Practice on Consultation*）[15]，並在企業與管制改革部（Department for Business, Enterprise and Regulatory Reform）下設有「更佳規範執行」（The Better Regulation Executive）單位，對於諮商機制的實施具有指引作用。以下將列舉「諮商配合政策執行的過程」（圖 4-2），說明諮商程序、步驟，以及與政策制訂之關係。

3. 諮商常用之方法

　　諮商包含有「定量」或「定性」兩種方法，各有其優缺點：定量方法傾向於回答「多少」或「什麼」的問題，而定性方法往往回答「為什麼」和「如何」的問題，或者同時使用兩者的組合。諮商方法的選擇是基於其目的或目標，如表 4-6 有一系列的諮商方法，可以在光譜中的任何部分加以選擇使用。

---

[15] 諮商業務由內閣府轉屬企業與管制改革部（Department for Business, Enterprise and Regulatory Reform）後，該指南文件漸不被強調，原因可能是制度行之多年，各單位的諮商制度和流程多已經建立。但主要內容及原則仍可在該部門網站中查詢（http://www.berr.gov.uk/）。

概述																	
政策構想（計畫）																	
非正式協商			連續的過程														
發展中的選項																	
部長同意之草案																	
政策提案																	
部分 RIA*																	
共同部長的同意																	
公眾諮商							最少 12 個星期										
全部 RIA																	
部長級共同同意																	
RIA 終止																	
覆行時期													最少 12 個星期				
監督和回顧檢討																	

　*RIA = 規制影響分析（Regulatory Impact Analysis）

資料來源：黃榮源（2009：155）。

圖 4-2　諮商如何配合政策制定的過程

表 4-6　常用的諮商方法

方法	進行管道	媒介工具
自填問卷	郵寄；傳訊	社交媒體；通訊軟體
電話訪問	電訪員	電腦輔助
面訪、調查	敲門按鈴；街頭；焦點團體；發聲板	公民小組／陪審團；服務使用者小組；工作坊
回饋單、意見箱、舉手表達	開放日或博覽會；諮商日；展覽或巡迴展示	社區論壇；公眾會議
線上回應	線上聊天室	線上論壇或討論群組

資料來源：作者自行整理。

　　透過上述工具組合（consultation tool kit）設計適當的諮商方法，達成協助方案考慮、協助改進缺失、增加民眾投入服務，以及讓人們參與制定公共服務標準和實施之諮商功能。

4. 諮商結果的評估

　　評估是任何諮商的一個重要方面。每次諮商結束時，都應考慮並自問以下問題：我的諮商成功了嗎？我是否使用正確的方法？諮商是否達到所需的回應率？是否已接觸到所有需要諮商的群體？諮商者對結果的貢獻如何？他們明白他們為什麼參與嗎？諮商者是否收到了足夠的回饋？是否有任何意外的結果？該過程經濟效益高嗎？諮商後發生了哪些變化？下次會採取什麼不同的做法？是否學習到有用的東西，以及如何與人分享？透過上述問題的答案，綜合評估諮商活動過程及成果，除了解決問題、促進參與外，諮商也具有分享及教育的功能。

第四節　本章結論

　　英國地方政府制度在 19 世紀末期有了較正式且具體的形式。從結構和屬性上看，目前英國地方政府包括三個層級、二個類型、六種單位。即英國地方政府主要有「郡」、「區」或「自治市鎮」，以及「教區」三個層級；若從職權運作上區分，有「一級制」和「兩級制」兩種。一級制主要是由單一型管理機構（unitary authorities）來統籌；第二類通常是由「郡議會」和「區議會」來共同治理。在實務運作上，英國地方政府型態呈現多元色彩，常見的地方治理單位為：郡議會、區議會、單一型管理機構、大都會區及倫敦自治市鎮等五種。但須強調的是，英國地方政府結構經常做修正變動。本章案例充分體現英國的地方治理的多元、彈性色彩，尤其表現在實務的運作上面。例如：Dorset、Suffolk 和 Buckinghamshire 等郡，有些由郡議會改由單一管理機構來管理；有些區議會經整合後，由一個單一管理機構所取其管理權；有些新的地區不採單一管理機關，郡和區議會的兩級結構仍然存在。若再加上 2009 年以後陸續成立的「區域」層級治理機制，英國地方治理層級最多可以到四級體制。

　　其次，本章從地方主義、跨域治理、協力夥伴關係等角度，觀察現代英國地方治理體制的變革，歸納出四個時期與階段：即：1965-1978 年

間的「福利國家」階段，其地方治理機制基本上是以中央政府指導為主；1979-1997 年期間屬於「中央主導」型。在當時保守黨的執政下，地方治理機制傾向一種中央主導的協力關係。主要由強制競標、契約外包等方式，由私部門間接提供服務。1998-2010 年是為「府際協力」階段，新工黨執政在地方層次採公、私部門協力治理的方式，推出「地方策略夥伴」、「最佳價值績效計畫」等政策工具，進行多部門協力的方式來進行公共服務。2011 年以後的聯合政府，強調「夥伴政府」，在地方治理上，致力於推動公、私及社會的夥伴關係。在此階段，公共服務之提供主要是各部門夥伴關係的型態。

　　無論是從組織結構調整的考量因素，或是治理機制的本質與內涵的觀察，英國地方治理體制自 1998 年起，即朝向一種中央與地方整合，以及公、私部門及非營利組織協力合作的型態發展，不斷強調要透過夥伴關係的治理模式，來為民眾提供更好的公共服務。本章列舉公民組織參與社區治理、地方政府的整合治理、居民及夥伴團體的諮商等三種當前英國地方及區域治理的運作方式，都是朝著上述夥伴關係治理的方向努力。這些治理方法均強調中央政府、地方政府、企業和公民之間的合作關係。其中，尤以諮商制度等最為明顯。

　　英國政府的「諮商」機制是一種法定的決策程序，對地方治理而言格外重要。它可以讓政府更詳細地了解居民、合作夥伴或社區對於影響他們之特定問題的看法，透過聽取和理解當地人的意見，再做出決定或確定優先事項。另外，諮商是讓當地民眾有機會參與並影響重要決策的接入點（access point）。透過各種諮商工具組合，設計適當的諮商方法，幫助施政方案考量、分析與改進缺失，讓公民參與制定公共服務標準和實施之理想透過諮商程序加以落實，對地方治理的影響是根本且重大的。

　　2010 年上臺的聯合政府將推動地方與社區夥伴治理關係視為其政策主軸，並以 2011 年《地方主義法》作為推動該政策的法制基礎。其重點是要求更大幅度的權力下放，達到其「夥伴政府」的願景。然而，現實上許多限制讓地方政府還是難以跳脫自福利國家時期以來的中央集權窠臼。許多來自地方治理實務工作者對此有所批評，認為《地方主義法》對於地

方及社區與中央政府之間的權力平衡，沒有帶來實質幫助[16]！這一結構問題，可以從幾個方面來分析：

第一，從地方及社區的觀點來看，英國中央仍然掌握有很大的權力，因爲下放權力的方法存在根本的缺陷。首先，它沒有認識到地方需要由獨立及民主方式選舉代表進到議會，代表他們與中央政府部門、公用事業提供者或開發者進行談判。自1990年代以來，英國地方政府結構朝向單一層級的管理機關發展，如：UAs。這個情況到2010年成立聯合政府之後，仍然持續。然而，地方治理體系的變革方向，一直沒有完全明朗。在尋求經濟與效率的前提下，有時候卻會忽略地方自主的期待和需求。

第二，英國地方政府，甚至包括倫敦和其他都會，仍然依靠中央撥款，而且高達財政支出的95%！相對於紐約自身控制著其67%的資金，巴黎更控制了83%的財政收支權限，因此擁有更多的自治權。這個結果不僅令倫敦與其他全球城市的競爭受到限制，各地方政府事實上也難有較爲理想的地方自主性，甚至影響其區域策略發展的靈活性。1990年代起，公共服務雖已經漸漸下放到自治市，但它往往只是一種「成本分流」的行爲，而不是眞正的權力下放和財政自治。也就是說，責任是下放的，而不是錢和權，地方仍然受困於資源的不足，到2013年爲止，倫敦政府在未來十年已經面臨至少34億英鎊的潛在資金缺口[17]。

第三，《地方主義法》事實上賦予社區許多權力，爲社會公益基金會、志願機構和團體創造了新的權利。「社區價值資產清單」制度，讓私人資產更有意願和機會投入社區服務和治理；另外，「企業區」（EZs）方案，成爲地方經濟的推動力，也幫助民眾就業和職涯的發展。然而，《地方主義法》中的「分權」改革，被批評爲隱含「中央集權」的實質內容，尤其在人事權和財政權上更爲明顯。在實質上，地方得到的大多是一種必須得到中央批准的權力。地方政府認爲將就業計畫、住房需求、基礎

---

[16] Jules Pipe, "Two years on, what has the Localism Act achieved?" The Guardian, 02/11/2013. (https://www.theguardian.com/local-government-network/2013/nov/02/localism-act-devolution-uk-local-authorities). Retrieved 10/11/2018.

[17] Ibid.

設施、社會照護以及學校危機的管理權下放到自治市鎮，是讓民眾投入工作最合乎邏輯的方法。真正的權力下放也是地方政府和社區認為其成長發展的可靠手段。但《地方主義法》似乎沒有做到這一點，以致於倫敦自治市、倫敦市長和其他核心城市聯合起來，要求中央下放更多權力，讓地方減少對補助金的依賴，並透過加強財產稅的控制來加以平衡。

英國自 19 世紀末以降的地方政府結構簡化或變革，其基本精神就是要使主權在民的理念在地方政府體系中得以確立。實務上，即是以民主選舉產生的議會為基層區域的權力機構，全面負責該地方的治理事務。地方主義精神的實踐，成為英國地方治理一種趨勢，但也可視其為幾個世紀以來英國民主價值的延伸。

如第三、四章所述，英國地方與區域治理的發展和運作，源自於自治的傳統，也經歷過集權的管理；現代地方治理機制，則是從「中央主導」、「府際協力」形式，逐漸朝向一種包括中央、地方、非營利組織及社區民眾在內的治理「夥伴關係」發展。究其內涵，民主、參與、課責是政府治理的根本，但治理效能的確保是為制度設計的目標。如何監督施政目標的達成，控制政府服務提供的效率、效能？才是治理機制成功的要件。下章將針對英國地方政府績效管理機制與運作加以介紹，期能對其地方治理機制有較整體的了解。

第五章 英國地方治理績效管理機制與評估[*]

　　本章在評介英國地方治理績效管理機制，包括其制度設計背景、績效指標的建構，以及績效評估程序與做法。研究觀察英國中央政府對地方政府績效管理的制度變遷與現況，並透過對英國地方政府績效管理制度中「績效指標」及「評估程序」兩大內涵加以探討，歸納其要點與值得學習之處：第一，是「事權明確，化簡馭繁」。由中央「社區及地方政府部」負責協調與地方政府的關係，設置「審計委員會」獨立客觀地執行全國各機關的公共服務績效的考核；與各地方政府之間，三者相互配合，共同確保公共服務之品質。第二，是「與時俱進，逐步修訂」。無論從 BVPI、NI 到 PI 各階段指標系統，或是 CPA、CAA，及後來的地方自評機制，英國中央政府對地方政府實施績效管理的做法一直推陳出新、動態調整，其功能日趨完善，也更貼近民眾。第三，當前英國地方治理越來越重視民眾的參與和多元監督，其地方政府績效管理機制的運作，亦配合「夥伴關係」形式的地方治理方向發展，可為相關制度設計時的參考。

　　1980 年代，各國興起一股「新公共管理」（New Public Management）思潮，並推動新一波的政府改造運動[1]。英國柴契爾政府以市場經濟理論為基礎，結合公共選擇理論與管理主義論述，大量擷取「師法企業」

---

[*] 本章部分內容曾刊載於國家文官學院《T&D 飛訊》，第 252 期，2019 年 3 月，頁 1-33。內容業經作者修改及增補。

[1] 新公共管理者主張「最低限度國家」（minimal state），認為政府應集中精力「掌舵」（steering）而非「划槳」（rowing），也就是應該「多做決策、少做服務」。政府行政學習企業經營，採取市場取向思維，引進市場機制、講生產效率、將人民當顧客、要讓顧客滿意（Osborne and Gaebler, 1992）。

的管理策略工具，降低政府角色，推動國有事業公司化、公營事業民營化（Hood, 1991）。美國雷根政府遙相呼應，推動新聯邦主義（New Federalism），進行分權化（decentralization）改革，並與民間企業和公民組織共同提供公共服務[2]。

　　為因應全球化競爭浪潮及新興公共政策議題挑戰，先進國家藉由中央機關授權及擴大公民在地參與，提升地方政府在公共治理層次上之職權角色。而各國地方政府在面對此角色轉型過程中，除須藉由提供高效率、高品質之公共服務以滿足民眾需要外，更須強化其決策與執行能力，以便在產業發展、公共安全、生活品質、環境保育及社會福利等面向，積極與其他公私部門建立整合網絡，並掌握公民社會價值，以作為形塑地方政府良善治理的基礎。

　　由於地方政府與民眾的關係最為密切，故地方政府之施政好壞，可以直接具體化成為民眾對於政府的印象。因此，績效管理與報告成為當前政府重要的工作，「利用績效資訊協助設定共識的績效目標、進行資源配置與優先順序的排列，以告知管理者維持或改變既定計畫目標，並且報告成功符合目標的管理過程」（丘昌泰，2007），有助於公共服務項目的設定與實現，並對於執行結果進行有系統的評量。

　　績效評估機制是當前英國地方治理重要的一環，尤其是 1980 年代以來，「最佳價值」、「公私協力」與「夥伴關係」等精神已成為英國政府治理的軸心，民主、參與、課責更是其中的根本。如何監督跨領域、多元參與型態的治理過程，控制政府服務提供的成本、效率與效能，進而達成施政目標？成為各國政府當務之急。本章目的在了解英國中央對地方層級

---

[2] 雷根力倡新聯邦主義的目的是為了平衡預算赤字和重整聯邦政府的行政體系，他大幅將中央業管的事務交還給地方，具體的做法卻是大幅刪減對地方的補助，論者因此大多認為雷根政府的新聯邦主義是一種政治手段，並非真誠授權給地方政府。美國地方政府在財政困難時，又面臨聯邦政府大幅刪減補助款，各地方政府只得另謀出路。根據 Osborne 和 Gaebler 的觀察，各地方政府在面對歲入減少和需求增加的雙重壓力下，紛紛師法企業的經營方式並引進市場治理模式來活化政府體質，他們將這種新的政府模式稱為「企業型政府」（entrepreneurial government），透過自由競爭機制提供良好的誘因，促使組織活動和資源與績效連結在一起，以迅速調適外部環境變遷所造成的衝擊（劉坤億，2002）。

治理的績效評估與管理機制，包括其制度設計精神、演進與基本做法，以幫助對英國地方治理機制有較整體且深入的了解。

第一節 文獻檢閱與應用

對於地方或區域治理績效的審視，應包含行政執行力、公民參與程度、策略合作過程與課責、結果與成效的評估等面向。當前英國政府績效管理的概念與制度是源自 1980 年代後的新公共管理主義背景；地方政府績效評估制度為整體制度的一環，同時產生實質的變革。公部門的服務效率與回應能力，成為此階段制度設計的主要內涵。1998 年開始實施「公共服務協議」制度後，更進一步規定中央及地方政府必須提出公共服務的承諾；同時，引進新的的指標體系，以評核地方政府的公共服務績效。新工黨執政後所推動的「最佳價值」計畫，及相映的各種制度設計，目的即是為了兼顧效率與課責的基本要求，確保公共治理目標的達成。本節首先針對公部門績效管理概念加以說明，尤其是其應用於地方政府治理上的意義與特徵。

一、績效管理之意涵

自 1970 年代後期，新公共管理理論與實務的發展如火如荼在各國開展，在強調企業管理技術、服務及顧客導向、公共行政體制內的市場機制等概念下（詹中原，1999），近年來更強調政府的社會責任以及公民責任（仉桂美，2005）。在「全球地方化」（glocalization）的發展下，當前新公共管理下的地方政府，除賦予原本國家／政府在市場競爭上的角色外，也具備主動回應的機動性；亦即，地方政府不能單純地根據市場導向機制，而推卸自我責任與義務（呂育誠，2007c），此亦是所謂「新治理」的概念。

與過去的公共行政之發展相較，當前新治理的差異如表 5-1 所示：

表 5-1　新治理與古典公共行政的差異

古典公共行政	新治理
機關運作的計畫	公部門達成目標的工具
組織以層級節制爲基礎	組織以網絡關係爲基礎
公部門與私部門對立	公部門與私部門合作
強調指揮和控制	強調協商與說服
重視管理者所擁有的技能	激發管理者獲取更多技能

資料來源：呂育誠（2007c），頁 16。

　　根據表 5-1 可知，當前的新治理與過去公共行政的型態、運作和過程是有所不同的。由於管理經營方式的革新，1990 年代之後日益普及的績效管理運動，已經成爲公共行政領域中的重要一環。不論是探討審議式民主的觀點，或是討論民眾參與以及和政府的互動，均改變政府績效管理的方式。無論公部門的發展型態是屬於市場機制、非市場機制、或是準市場機制，對於績效管理，以及對於民眾陳情的認知，是當前行政機關亟欲理解的重點。

　　所謂的績效管理本身就是如何執行政策以達成組織目標的管理過程（丘昌泰，2010：555）。Monaghan 與 Ball（1993）指出，績效評估係指任何利用與追蹤組織績效的過程，特別是組織爲達成某項任務、如何達成，以及是否達成的過程，因此績效評估主要對象爲「組織」而非個人。其次，績效評估之本質具有管理上「控制」之功能，其消極意義在於了解規劃與執行之進度與狀況，若發生落差時則需要即時的加以因應。在積極面來看，績效評估制度的建立有助於讓各成員的個人目標與組織的集體目標趨於一致化，期以對各行動者的行爲產生影響或發揮引導效果。

二、公部門績效管理

　　Osborne 和 Gaebler（1992: 146-155）在《政府再造》（*Reinventing Government*）一書中所言：「如果不評估績效，無從知道成功與失敗；如

果不知道成功，就無法獎酬；如果不知道成功，就無法從中學習；如果不知道失敗，就無法改正；如果不知道失敗，就無法贏得公眾支持。」Heinrich（2002）指出，以成果為基礎的績效管理，是所有的政府層級都不斷地在增加績效評估的活動，但公部門績效管理的研究而言，卻點出這些系統的設計和管理問題，並質疑它們作為增加政府課責性（accountability）的政策工具。

　　不同於私部門的績效管理，1980 年代之後關於公部門的績效管理改革對公部門確實產生一些影響。為對這些後果加以應變，績效考核系統需要將公部門的特殊性質列入考量。績效標準的爭議本質需要採用多種指標，指的是政策實施（有形的和無形的）的不同面向，以及反應所有相關利益者（政客、管理者、出資者、提供者、採購以及消費者）的利益（Van Thiel and Leeuw, 2002）。

　　Sanger（2008）指出，政治家與民選官員能了解如何妥善服務、滿足選民需求，以及是否能反映他們政見上所應達成的政治需求，這些能幫助政治性利益最大化。在此過程中，績效評估在爭取及使用預算上能產生效益，並透過公共服務的展現與完成度獲得選民的信任。因此，績效評估能建立政治與人民對政治的支持並增加當局的合法性。換言之，績效評估具有廣泛的效益，能透過機構的體制來反饋並強化民主，在此情況下，民眾不只是單純的顧客，而是政府的擁有者、共同創造者與評估者。

　　莊文忠（2008）指出，績效管理的意義包含下列四項：（一）管理的目的乃是為了提升組織的績效，若組織可以不重視績效，則沒有管理必要；（二）組織需要訂定一套資源運用與成員表現的標準（或指標），缺乏這一套標準，便無從衡量組織的績效水準；（三）凡是無法衡量的事物，就不會成為組織績效的一部分，亦即績效衡量偏重於組織內可以測量的有形標的；（四）績效衡量的結果會影響管理者的策略訂定，錯誤或不當的績效衡量結果，可能對管理者產生誤導的作用，嚴重者導致錯誤的後果。

　　所謂績效，也可能是一種主觀詮釋下的社會建構，涉及組織產出的狀態或情形，此種狀態或情形並不必然是客觀的，必須經過「詮釋」與「定義」的過程才能在管理上產生意義（范祥偉、王崇斌，2000）。在績

密、有效，且能被管理的策略、戰術及操作的階段，正確地被建構和設計的績效評量系統將爲績效管理系統提供工具性基礎（Bititci, Carrie and McDevitt, 1997）。換言之，績效評估與衡量（performance evaluation and measurement）將是此績效管理之社會建構過程的核心焦點。就行銷的觀點來說，組織的目標，是比它們的競爭者更有效率且更有效的方式滿足它們的顧客。效率（efficiency）和有效性（effectiveness）這兩個術語在這個脈絡中常常準確地被使用。

　　總體來說，績效評估的過程包括績效衡量、績效追蹤，包括評估成效與目標是否達成？達成哪些目標？是否改變或增強民眾的認知與觀感？未來需要哪些新的目標等等。最重要的是要將評估結果完整且忠實對外說明，讓民眾知道爲提升形象、恢復公眾信任，政府從事哪些的努力，並說明預算使用方法，以評估結果及待改進部分，做爲下一階段工作起點。經過績效管理，可以檢驗效率與生產力的改變，若再配合獎懲措施，更可以強化績效管理的激勵效果（Kelly and Swindell, 2002; Robertson and Ball, 2002）。

　　值得注意的是，在公部門中公民參與的績效評估儼然已成爲當代民主治理的趨勢之一。胡龍騰（2007）指出，擴大公民參與的深度與積極性，毋寧爲當前廣大民眾所期待，期盼在地方事務上，民眾能有積極參與、共同規劃的機會。「公民引領之政府績效管理」模式，便是希望能將政府施政績效評量的權力，由過去僅由政府內部施行的方式，轉變而爲由公民參與主導，並藉此將領航政府之權力，交還給公民大眾，建立以公民爲核心的公共服務價值。本章將從英國個案，來探索這一發展與趨勢。

三、地方政府績效管理

　　Jon Pierre 和 Guy Peters（2000）兩人觀察政府職能在全球化和地方化諸多因素衝擊下，權力出現向上（upwards）、向下（downwards）以及向外移動（side-ways）的態樣。因爲權力分散，超國家組織、國家政府、地方政府、私人企業乃至於團體、社區、個人之間形成多面、多變的

結構和秩序。因此，西方民主國家的地方自治實體經歷「從地方政府轉變為地方治理」（from local government to local governance）的變遷過程（Goss, 2001; Leach and Percy-Smith, 2001）。其結構由「公法人團體」、「統治機關」、「政治制度」，擴充為「一種結構」、「一種過程」的所謂「地方治理」（local governance）（趙永茂，2002：12-13；劉坤億，2003b）。地方治理的決策主體，不再侷限於中央與地方政府之間單純的互動關係，它還涵蓋來自公、私組織和志願性團體等互動所形成的一種複雜的網絡關係（Rhodes, 1997: 7-11；李長晏，1999：123）。簡言之，地方治理是指不同的組織和團體，在不同時間，針對不同的目的而涉入的過程（Leach and Percy-Smith, 2001: 32；劉坤億，2003b：3）。

　　一般而言，中央政府與地方政府的關係，通常比較偏向強調國家機關的層級節制（hierarchy）。尤其在單一制國家的中央政府，為求貫徹施政目標或提升治理能力，根據官僚組織的行政授權原則，將若干權限下放給地方政府來分別執行（趙永茂、孫同文、江大樹，2004）。因此，中央政府對於地方政府的授權，攸關地方政府的治理能力與績效表現。在地方治理的背景下，地方政府的績效評估制度也歷經了實質的變革，公部門的服務效率與回應能力，成為制度設計的主要內涵。英國在 1998 年開始實施的「公共服務協議」制度後，規定中央及地方政府必須提出公共服務的承諾；同時，引進一套新的指標體系，以考核地方政府的公共服務績效。後文亦將針對英國地方政府的績效評估系統進行更深入的介紹。

　　近幾年，地方政府績效管理議題逐漸受到重視，其中涉及到策略規劃的擬定（丘昌泰，1999），以及地方政府管理問題（丘昌泰，2002），治理部分更是涉及到公部門、私部門與非營利組織的互動關係（左峻德、黃兆仁，2007）。因此，政府好的治理表現應包括績效、品質的追求與注重民眾的感受度。在地方治理的時代中，如何讓地方民眾共同參與，是亟需思考的問題（高永光，2007）。當然，政府有心提升治理能力之際，同時亦需要適當的評鑑與輔導機制，來檢視自身治理能力之好壞與需要改善之處。換言之，地方治理考量整體環境系絡，並強調利害關係人的互動影響，故可能會衝擊到地方政府原有的本位立場；地方政府不再只是針對個

別政策目標或對象行使權利，而是要與環境系絡中其他影響力來源建立互動關係（呂育誠，2005、2007a）。因此，地方政府也必須重新思考自己本身的定位問題，例如：地方政府角色職能的轉變、建立策略性夥伴關係等（許文傑，2003；劉坤億，2002、2003a、2004）。

第二節　英國地方政府績效管理指標系統

地方政府的績效評估制度在許多先進國家已行之多年。英國中央政府對地方政府的績效管理經歷了長期的歷史發展，已形成一套完整而嚴密的體系，而此體系包含「績效指標」及「評估程序」兩大部分。

一、績效指標系統演進

1998 年，新工黨政府開始實施「公共服務協議」（Public Service Agreements, PSAs）制度，主要內涵是內閣各部會在與財政部進行協商之後，分別提出其部會未來公共服務提供的承諾；在地方政府層次上，亦要求每個地方政府必須針對其所提供的所有服務，事先制定「最佳價值績效計畫」（BVPP），以作為「公共服務協議」制度之一環[3]。其目的是據此評估各地方政府的施政作為，是否符合國家和政府的整體目標，以避免耗擲資源。這些計畫必須提早公布讓顧客（民眾）參閱，各級單位並需提出計畫，作為未來改善服務的目標和依據（McCue, 2002）。至於績效評估的標準，則由中央政府訂定績效指標及績效標準，即「最佳價值績效指標」（Best Value Performance Indicators，簡稱 BVPI）體系，透過和它相配合的評估程序——「全面績效評鑑」體系（Comprehensive Performance Assessment，簡稱 CPA）[4]，對各單位進行績效評估。

---

3 根據 1999 年所通過的《地方政府法》（*The Local Government Act*）之規定。
4 英國審計委員會於 2007 年 6 月宣布自 2009 年 4 月起，實施新的「全範圍式評鑑」（Comprehensive Area Assessment，簡稱 CAA），取代原先的 CPA 及相關評估，以更簡化的

英國自從 1997 年開始，到 2007 年之間，已有 75% 的地方政府被評
鑑為「非常好」（very good）及「卓越」（excellent）（DCLG, 2007: 3）。
為繼續改善公共服務，以符合社區的需求和期待，英國政府主張讓地方
政府發揮其最大的潛力。布萊爾首相開始將權力從中央下放到地方（from
Whitehall to the town hall），讓社區民眾直接參與治理，因為地方分權乃
促進草根民主的關鍵，讓公共服務反映社區的需求，可以幫助我們面對當
前氣候變遷、社區團結等複雜議題的挑戰（DCLG, 2007: 3）。

（一）最佳價值績效指標（BVPI）

在 2008 年 4 月以前，英國最全面的、基礎性的地方政府績效指標體
系為 BVPI，它是由 2002 年成立的副首相辦公室（ODPM）[5] 負責研究、設
計、制定和發布，反映中央政府對地方政府為社會所提供的、涉及國家利
益的各種服務之關注。BVPI 之內容基本上都是十分具體的硬性指標，如：
地方政府的稅收增長率、與全國平均數相比的街道照明耗電量等等。根據
英國審計委員會（The Audit Commission）[6] 公布的「2007/08 年版審計委員
會最佳價值績效指標指南」顯示，整個 BVPI 指標體系共有 100 多個指標，
大體上分為兩部分：一部分是一般性指標，稱為「總體健康狀態指標」
（Corporate Health Indicators），共有 15 個；另一部分是針對各級地方政
府和公共機構（Public Bodies）所提供服務的分類「服務指標」（Service
Delivery Indicators），涉及教育、住宅、垃圾處理、環境、交通、文化及
社區安全等主要職能。

指標配合後來相應的 NI 體系。CAA 將對地方的繁榮和民眾生活品質進行獨立評估，包括評
估和報告公共資金的使用方式，並確保地方公共機構對其品質負責。
[5] 2006 年 5 月，英國副首相 John Prescott 醜聞曝光後，副首相辦公廳被撤銷。其職能轉歸新成
立的「社區及地方政府部」。
[6] 審計委員會是一家獨立的公營公司，於 1983 年 4 月 1 日至 2015 年 3 月 31 日期間運作。
2015 年 4 月，審計委員會由公共部門審計任命有限公司（Public Sector Audit Appointments
Ltd）、國家審計署（National Audit Office）、財務報告委員會 (Financial Reporting Council)
和內閣辦公室（Cabinet Office）所取代。審計委員會關閉後，新的地方審計機制於 2015 年 4
月 1 日開始生效。

（二）國民指標（National Indicators, NI）

2006 年 10 月，英國「社區及地方政府部」（Department of Communities and Local Government, DCLG）公布《強大而繁榮的社區——地方政府白皮書》（*The Local Government White Paper—Strong and Prosperous Communities*），承諾引進一套新的、簡化的指標體系，以考核地方政府單位的公共服務績效。2007 年，公布包含 198 項指標的「國民指標」體系，社區及地方政府部聲明這些指標將成為中央政府考核地方政府績效的「唯一」指標，並將取代原有的 BVPI 體系，而且要求各地方在 2008 年 4 月起提交該指標體系的評估報告。

檢視「國民指標」中，有一半左右是承續舊有 BVPI 指標或根據現有資料為基礎的。如表 5-2 所節錄，這 198 項指標包括「更強大的社區」類之 14 項指標，「更安全的社區」類 35 項指標，「兒童及青年」類指標 69 項，「成人健康與福利」類指標 21 項，「促進公平」類指標 11 項，「地方經濟」類指標 34 項，以及「環境永續」類指標 14 項（DCLG, 2007）。

從 2008 年 4 月開始，NI 評鑑指標代替原有的 BVPI 指標，成為政府機關衡量其績效表現的工具。如前述，國民指標體系共有 198 個指標，其中，185 個指標自 2008 年 4 月 1 日起使用，另有 13 個指標自 2009 年 10 月開始執行。英國社區與地方政府國務大臣 Rt. Hon Hazel Blears 指出：「該指標體系將成為中央政府追蹤地方政府及地方夥伴機構合作績效的唯一指標體系。」（DCLG, 2007: 3-4）同時，該指標體系也已經將舊有指標加以簡化。新的 NI 指標體系中有一半左右的指標是已有指標或是建立在現有的數據基礎上；其他許多新設指標，有些有類似的數據來源，有些完全沒有，因此這部分需要從實際問題上做分析，才能有較具體的了解。

一般說來，NI 體系的評鑑指標的涵蓋面甚為廣泛，但其內容較過去具體，如表 5-2 為例，所有的內容均以淺顯易懂的字句表現，在內涵上也盡量以數字為表示，這不但讓評鑑易於著手，民眾不易對問題產生認知落差或誤解，評鑑結果較能以客觀數據呈現。本階段英國中央政府對地方政府的績效考核體系主要是由 NI 指標體系和「全範圍績效評鑑」

表 5-2　國民指標體系（NI）

預期目標	國民指標（相應之公共服務協議或部門策略目標）
更強化的社區	NI 1 相信來自不同背景的人可在社區內相處良好之人數百分比（PSA 21） NI 2 認為對該社區有歸屬感的人數百分比（PSA 21） NI 3 當地公民參與（PSA 15） NI 4 相信自己可以影響當地決策的人數百分比（PSA 21） NI 5 整體／一般而言滿意本社區（CLG DSO） NI 6 定期參與志願服務（CO DSO） NI 7 有讓第三部門蓬勃發展的環境（CO DSO） NI 8 成人參與體育活動（DCMS DSO） NI 9 使用公共圖書館（DCMS DSO） NI 10 參觀博物館或畫廊（DCMS DSO） NI 11 參與藝術活動（DCMS DSO） NI 12 禁止「房屋分租共用」（HMO）執照，使移民得以適當管制（HO DSO） NI 13 新移民之英語技能和知識（HO DSO） NI 14 可迴避的聯繫：每次收到顧客提出聯繫要求後之接觸平均數
更安全的社區	N15 – N49（略）
兒童和青年	N50 – N118（略）
成人健康與福祉	N119 – N139（略）
打擊歧視與促進平等	N140 – N150（略）
地方經濟	N151 – N184（略）
環境永續	NI 185 地方政府執行減少的二氧化碳排放量（PSA 27） NI 186 地方行政區人均二氧化碳排放量（PSA 27） NI 187 解決燃料短缺問題——民眾使用低能源效率的居家生活所獲得的利益（Defra DSO） NI 188 適應氣候變遷（PSA 27） NI 189 洪水與海岸侵蝕的風險管理（Defra DSO） NI 190 符合英國動物健康控制系統標準的成就（Defra DSO） NI 191 每個人平均製造的住家廢棄物（Defra DSO） NI 192 家庭垃圾回收和堆肥（Defra DSO） NI 193 地方自立的垃圾掩埋場（Defra DSO） NI 194 空氣品質等級——當地政府主導減少氮氧化物和可吸入顆粒物的排放（PSA 28） NI 195 改善街道和環境清潔——塗鴉、垃圾、碎屑和灰塵（Defra DSO） NI 196 改善街道和環境清潔——非法傾倒（Defra DSO） NI 197 積極改善當地的生物多樣性（PSA 28） NI 198 孩童上學的交通——通常使用的交通方式（DfT DSO）

資料來源：英國「社區及地方政府部」（DCLG），2007。

（Comprehensive Area Assessment，簡稱 CAA）體系兩部分組成，亦即，英國公共服務績效考核在此時已進入 NI 與 CAA 並存的時代。

（三）績效指標（Performance Indicators, PIs）

2010 年後，英國由保守黨和自由民主黨聯合執政。期間，聯合政府對 CAA 制度加以調整，更強調他們加強地方自主與分權的競選承諾。該制度改變過去由審計委員會評估地方公共服務績效表現的管理模式，改由地方政府自我評估並公布績效資料，讓在地民眾能夠對公共機構的表現做出判斷。

如圖 5-1，是績效指標（PIs）報告頁面範例，民眾可以隨時上網查詢。表中最左一欄顯示該機關的績效指標項目清單，點選後可以連接到該項目相關統計圖表，讓數據更簡單易懂。中間欄也說明了機關績效指標的歷史趨勢，具有相對比較意義。最右一欄則是相關佐證及來源資料的連結，證明數據之真實可信。而且，每當有新資料時，此表均會隨時更新。

Sheet	Indicator (link to chart)	Previous	Current	Earliest - Most Recent	Next update	Source (Link to webpage)
	Input Indicators					
1	Number of premises covered per £million of broadband delivery programme expenditure.	13,870	7,572	Dec 2012 - Jun 2014	May 2015	Broadband Performance Indicator
2	Ratio of charitable giving (donations and sponsorship) to Grant-in-Aid for cultural institutions funded by DCMS. (Pence per £1 of Grant-in-Aid) (Annual).	33.7	48.8	2008/09 - 2013/14	November 2015	Charitable Giving Indicators
3	Public Funding per Eligible Student at Schools Competing in School Games (Annual)	£9.43	£3.10	2011/12 - 2013/14	October 2015	School Games Report
4	Progress towards delivery on time and to budget of Olympic and Paralympic Games (ratio of actual spend as percentage of anticipated final cost to percentage of actual progress of Olympic Delivery Authority (ODA) programme) (Quarterly).	0.998	0.995	Mar 2010 - Dec 2011	No further publications	Quarterly Olympic Indicator
	Impact Indicators					
5	Number of people directly employed in tourism in the UK (Annual)	1,549,100	1,666,900	2009 - 2011	Early 2015	Tourism Satellite Account (Table 7)
6	Number of overseas visitors to the UK (Annual)	31,084,085	32,813,238	2003 - 2013	May 2015	Travel Trends
7	Number of overseas visitors to the UK (Quarterly)	9,781,468	10,176,686	Q1 2009 - Q3 2014	April 2015	Overseas Travel and Tourism
8	Total Employment in the Creative Economy in the UK (Annual)	2,550,000	2,616,000	2011-2013	Summer 2015	Creative Industries Economic Estimates
9	Ofcom's European Broadband Scorecard	(5)	(4)	2013-2014	2015	European Broadband Scorecard
10	Total amount of charitable giving (donations and sponsorship) to cultural institutions funded by DCMS (Annual)	£ 348m	£ 476m	2008/09 - 2013/14	November 2015	Charitable Giving Indicators
11	Total visits to DCMS sponsored museums and galleries (Annual)	46,924,860	48,731,784	2002/03 - 2013/14	November 2015	Sponsored Museums Annual Indicators
12	Proportion of children participating in competitive sport (per cent of 5-15 year old children doing some form of competitive sport in the last 12 months) (Annual)	82.7	77.7	2010/11 - 2012/13	August 2015	Taking Part : Child Release
13	Percentage of employers within medium and large organisations (over 150 employees) recognised as supporting "Think, Act, Report" on gender equality	20%	22%	Nov 2012 - Oct 2014	N/A	Think, Act, Report: 3 Years On

資料來源：DCMS(https://www.gov.uk/government/organisations/department-for-culture-media-sport/series/museums-and-galleries-monthly-visits).

圖 5-1　績效指標（PIs）報告表範例

除此，2014 年 7 月成立「國家監督和審計委員會」（National Oversight and Audit Commission, NOAC），其目的是對地方政府部門進行獨立監督，每年公布監督報告。

目前英國地方政府績效指標系統主要將地方政府績效指標分為 11 大項，分別為：住宅、道路、水資源、垃圾及環保、計畫、消防、圖書及休閒、青年及社區、企業法人、財政、經濟發展[7]。除公布各地方政府的績效報告之外，自 2014 年起，NAOC 會抽選若干地方政府為受評單位，針對上述 11 項指標選定 5 至 6 項指標進行評鑑。選定之地方政府必須先進行自評，並提供個別項目上的施政成果統計資料，經 NAOC 彙整、分析後，提出報告書。表 5-3 節錄 2016 年地方政府績效指標報告書（*Performance Indicators in Local Authorities 2016*）要點，以為參考。

2016 年地方政府績效指標（PIs）評鑑工作，挑選 Donegal、Limerick、Monaghan、Sligo、Tipperary 和 Wexford 等 6 個市或郡政府進行績效評鑑。評鑑均安排在 2017 年 6 月間，每一地方政府排定一天進行。

歸納 2016 年地方政府 PI 評鑑結果大要有：社會住宅重新重出租的平均時間從 2015 年的 22.6 週減少到 2016 年的 20.9 週。然而，一個單位的維修平均成本從 2015 年的 10,522 歐元增加到 2016 年的 12,552 歐元。2015 年至 2016 年期間，地方政府管理和維護 94,454 公里的區域和地方道

表 5-3　2016 年地方政府績效指標（PIs）選評項目／指標

項次	選擇項目／指標內容
1	住宅：社會住宅平均再出租時間和成本
2	道路：路面狀況指數評價
3	計畫：消防安全證明書的申請
4	企業組織：因病而損失的工作天數；地方政府網站和社交媒體的使用

資料來源：National Oversight and Audit Commission, UK, 2018.

---

[7] 但並不一定只限定這 11 項，會依據每年施政重點增加少數指標類別。如：2017 年增加第 12 項「2017 年社會住宅提供結果」（參閱 *Local Authority Performance Indicator Report 2017*, NOAC Report No. 19 – September 2018）。

路。70.1% 的汽車稅交易是在網路上進行的。對地方政府網站的造訪超過 5,910 萬次。2016 年，通過社交媒體關注地方事務的人數增加 80.5%，達到 115 萬人。

上述績效指標系統可以幫助管理者及民眾，據以衡量組織單位對公共政策及服務結果與貢獻。但地方政府要如何選擇適當的績效指標？英國地方政府協會（LGA）提出「五階段論」以作為方針：

第一階段：決定整體途徑。首先應決定將如何使用結果架構？想要的架構類型？以及將參與開發它的人員。

第二階段：創建「結果三角」（outcomes triangle）和邏輯模型。所謂結果三角乃指：服務成果、中間成果和總體策略成果的水準。它可以概述組織單位如何促進地方優先事項，無論是總體或特定政策主題（如：老年人）。

第三階段：審查佐證資料。指標架構的證據部分是結果三角和邏輯模型的基礎。它列出了最能證明組織單位對結果之貢獻的證據來源。

第四階段：選擇績效指標。一套績效指標（PIs）是如何衡量組織單位對當地結果的貢獻。

第五階段：完成和使用架構。在完成第一至第四階段後，每年回顧一次，重新衡量成果架構的每個部分。

基本上，這個架構仍不出當前績效管理中「目標—策略—績效」的思維。地方政府應該為每個結果級別（levels）確定少量的績效指標，且盡可能利用當地議會和其地方現有的資料加以佐證說明。各單位可以下載「績效指標範本」（Performance indicators template）如表 5-4，範本中附有說明，可以協助決定如何獲取相關思維和決策。

其操作首先是「選擇一籃子績效指標」（Select a basket of performance indicator），即：列出服務、中間和總體策略成果的指標，還要檢視它們與實現服務結果的相關程度。其中，「總體策略成果」是顯示較高層級但非本單位的指標，並可以證明本單位有助於這些指標的完成；中間成果指標應包括反映本單位對於這些成果具有具體貢獻的措施。然而，它們還可能包括一些非本單位業務的措施，這些措施是中期的總體戰略成果的輔助

表 5-4　**績效指標範本**（Performance indicators template）

總體策略成果指標	任何需要進一步細分的指標，例如：按年齡群組、性別或鄰里分列
中間成果指標	所需指標的任何進一步細目
服務成果指標	所需指標的進一步細目
服務產出指標	所需指標的進一步細目

資料來源：作者整理自「地方政府協會」官方網站（https://www.local.gov.uk/our-support/
　　　　　our-improvement-offer/culture-and-sport-improvement/guide-developing-local-
　　　　　outcomes/how-do-i-create-my-own-framework/stage-four-select-your-performance-
　　　　　indicators）。

措施。而服務成果和服務產出指標則是本單位特定的措施和服務。

　　這階段應注意的是，要查看單位組織和合作夥伴當前使用的產出和結果指標，是否具有相容性；此外，這一籃子產品或服務應該提供以「結果」（results）為中心的量化與質化資料組合，結合現有的管理資訊，讓組織能夠展現效率和生產力。

　　其次，是要挑戰每個績效指標的有效性。要問：所選擇的績效指標是否表明正在提供服務的成果？它們是否會說明顯示邏輯模型中展現之本機關組織的好處？它們對中間和總體策略成果的貢獻具有意義嗎？如果答案是「no」，必須立刻移除該指標。

　　第三，是考慮它們的資料來源。績效指標需要用資料加以填充。考慮是否可以使用現有的本地或國家資料來源，或者是否需要新方法？年復一年地收集類似資料，是否較具有成本效益？是否透過簡單的調整，以對現有資料收集方法進行改進？是否有資源來委託新的資料收集方法？不要吝惜刪除您認為資料過於昂貴或難以收集的指標項目。經過上述程序，最後，確定績效指標。

第三節　英國地方政府績效管理評估程序

　　英國當前地方政府績效管理評估程序自 2002 年起，經過多次修正與演進，可分爲三個階段：即「全面績效評估」（CPA）體系、全範圍式績效評鑑（CAA）體系，以及 2010 年英國由保守黨和自由民主黨聯合執政期以後推動的中央授權與地方自評的模式。

（一）「全面績效評估」（CPA）體系

　　從 2002 年到 2008 年 4 月之前，英國最主要的地方政府績效指標體系爲 BVPI。然而，以硬性指標爲基本內容的 BVPI 指標體系引起一些質疑甚至爭論。一方面，由於各地方政府所處的環境和客觀條件不同，許多指標的評估結果只能進行縱向比較，難以對各地方政府的績效進行橫向比較。另一方面，硬性指標所反映的只是某地方政府或公共機構的績效現狀，它們並不必然等同於該政府或公共機構眞實的執政能力、服務品質和內外形象。

　　因此，爲彌補硬性指標體系的這一缺陷，英國中央政府和審計委員會經過多年研究，在保留和改進 BVPI 的基礎上，於 2002 年引入一系列軟指標，結合 BVPI 中的一部分硬性指標，創造一個新的「全面績效評估」體系（CPA）。如圖 5-2 所示，CPA 的目標在幫助英國地方政府改善其公共服務，以促進地方發展。它的架構主要包括三部分：1. 是資源使用評價；2. 是服務評價分級；3. 是對市政機構的評價。其中前兩部分進行年度考核，第三部分則是每三年考核一次。後來 CPA 又增加「改善方向評價」，整個指標多達數百個。簡言之，CPA 程序一方面著眼於地方政府如何提升其服務品質，如計畫、環境和住宅等。另一方面也思考地方政府如何有效的運作，以帶動上述諸項公共服務的有效執行。

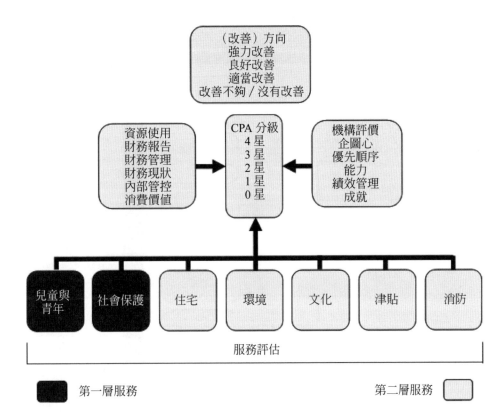

資料來源：英國審計委員會（the Audit Commission），2007a。

圖 5-2　「全面績效評估」體系（CPA）

（二）全範圍式績效評鑑（CAA）體系

　　自 2006 年起，英國地方政府績效評量改以「全範圍式績效評鑑」（CAA）體系爲主軸。CAA 在原有的 CPA 基礎下，提供一個新的架構讓地方夥伴們有效完成民眾的優先需求，它強調的是一個公共部門的夥伴協力新時代的來臨。

　　如圖 5-3 所示，CAA 分爲業務範圍評鑑（area assessment），以及組織的評鑑（organizational assessment）兩大部分。前者在觀察公共服務如何被有效地傳遞到每位民眾身上，這部分聚焦在三個重點：施政優先順序是否符合民眾需求與期待？施政成果與改善情形如何？未來改善可能性爲

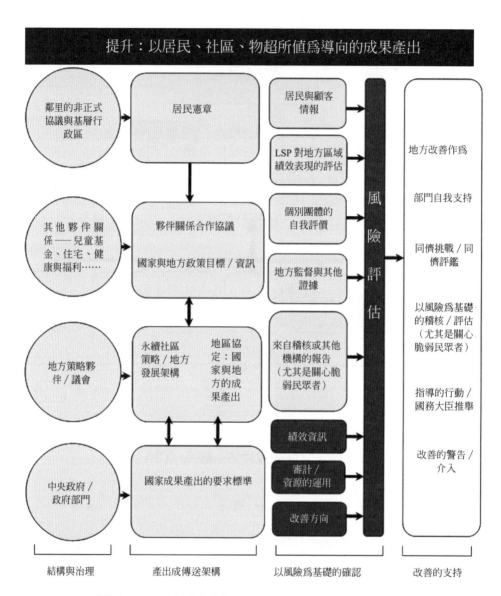

資料來源：英國審計委員會（the Audit Commission），2007a。

圖 5-3 「全範圍式績效評鑑」（CAA）體系

何？上述公共事務必須由全體民眾同意後確定，例如：健康、經濟福祉、社區安全和住宅提供等項目。後者則是對所有管轄內的公共服務提供單位之工作做檢視，如：地方各級委員會、警察、消防，以及所有的衛生機關。這些單位係由不同評估機關負責，審計委員會則針對郡、市等地方政府資源使用之績效及管理能力進行評估，並會納入其他稽核單位之評估結果，每年一次對單位資源使用是否合於最佳價值的過程，來評鑑其整體的服務績效。

CPA 和其後續機制 CAA 機制，基本上是一種中央與地方合作的績效管理機制，但原則上它們都是一種由上而下的形式。在 CPA 或 CAA 機制下，英國所有的地方政府內部都設有一個 3 至 5 人的常設機構，專門負責蒐集、研究、處理和發布有關服務和績效有關的資訊，編撰和績效指標與績效評估所需要的文件，為執政官員和機關執行長改善服務品質和提升績效的決策提供技術支援。最重要的是，這個評估機制將協助完成每年各地方政府和中央政府協商所達成的績效管理法律文件──「公共服務協議」（PSAs）。上述評估的結果將會公開在一個名為「Oneplace」之單一窗口網站上（Audit Commission, 2009: 3）。

為方便民眾了解 CAA 制度，審計委員會在網站上公布相關架構文件供參閱。2009 年，由審計委員會總結 CAA 機制的五大目標為：1. 評估民眾如何獲得良好的地方公共服務；2. 監控各別組織及其整合的服務績效；3. 同時聚焦在地方和全國性的施政優先順序；4. 對地方公共服務提供健全且均衡的評估；5. 評鑑結果將以明白易懂的文字直接公布在專屬的網站上。總之，CAA 制度主要是在配合 NI 指標之評鑑結果，其中也包括所謂「區域調查」（Place Survey），以便讓地方政府及其政策夥伴們協力為社區的優先服務項目而努力。

從中央政府的角度來看，改為 CAA 的原因是確保對於各地方政府、公共機構和地方戰略夥伴關係的評估。主要的大項有：1. 經費運用價值和效率節約的評估；2. 成果和業務領域的聚焦程度；3. 地方問題、挑戰、優先事項的風險基礎；4. 以公民為中心──什麼是對公民最重要的事項？5. 減少的負擔有多少？上述的評估的結構也會因為對象不同而更彈性多

元 [8]。簡言之，將基於「領域基礎」（area based）的評估，來評判相關的地方策略夥伴。回答這些問題的佐證資料有許多來源，包括：國家指標（NI）的績效、地方政府績效管理、其他監管制度、夥伴關係自我評估、地方調查和其他諮商工作等資料來源。

　　CAA 與過去 CPA 的主要差異是：CAA 是一種夥伴關係評估，不會有全體一致的評估或個人服務分數；有更清楚的優先事項；重視其他利害關係人的觀點。在評鑑程序上更便利、流暢，且 CAA 的評鑑更具前瞻性，重在討論未來改進的前景。為了減少地方政府的負擔，著重在較顯著的風險或弱點，而不是一般滾動計畫。最後，向大眾課責和報告部分，會通過審計署（Audit Commission）網站向民眾提供更多細節。

　　雖然 CAA 不會評分，但會包含對該地區的敘述性判斷，並賦予一系列紅色和綠色旗幟來強調哪一些屬於重要問題。具體做法如：未取得預期成果／改進的領域，可能會提出危險信號。但前提是夥伴關係團體沒有制定務實、有效的計畫來解決這些問題，或者是沒有意識到問題或不接受它是一個問題；或是因為計畫不夠可靠、資源不足等因素。另外，針對任何可與其他夥伴關係分享的模範事例或良好實務做法，也都將授予綠色旗幟，以供參考。

　　雖然還不是法定的，但漸漸成為地方政府績效評估的一個關鍵組成內容。最後一個問題是「改善的前景」（prospects for improvement），是在 CAA 制度中最重要的精神。因為評估的最大目的是確保改善地方民眾的生活，透過 CAA 的評鑑結果，給予地方夥伴組織相當程度的改進方向與規劃。

（三）中央授權與地方自評

　　2010 年至 2015 年間，英國由保守黨和自由民主黨聯合執政。期間，聯合政府對 CAA 制度亦加以調整，更強調他們加強地方自主與授權的競選承諾。該制度從過去由審計委員會管理，評估地方公共服務的績效表

8　參閱 Wirral Council Cabinet, *Report of the Deputy Chief Executive/director of Corporate Services* (https://democracy.wirral.gov.uk/documents/s2270/Report.pdf)。

現，轉變成地方政府自我評估及更公開地公布績效資料，讓在地民眾能夠
對公共機構的表現做出判斷。整個改革的主軸是鬆綁中央政府的監督，以
及擴大地方自主之權限。自評機制主要是評估在實現地方施政目標上的成
果，並以地方議會及其公共服務夥伴關係之架構，開展地方公共治理績效
管理。

　　這項變革使英國中央政府對地方的監督程度受到限制，也將審計委
員會的監督成本減少 1,000 萬英鎊，爲公共機構節省許多不必要的人力及
物力用度。例如：Leicestershire 郡議會原有 90 名全職工作人員爲中央政
府收集和處理 3,000 多個 CAA 績效評鑑資料專案，每年的費用約 370 萬
英鎊。社區和地方政府部大臣 Eric Pickles 指出：「面對 1,560 億英鎊的政
府赤字，中央政府需要停止代價高昂的地方政府績效監測，並開始信任他
們在地方做正確的事情[9]。」社區暨地方政府部指示審計委員會和其他五個
地方監察機構[10] 停止 CAA 昂貴且繁複的評鑑報告。各監察單位的法定權
力不受影響，但其職能將以較輕簡的（a lighter touch）方式履行，僅以防
止弊端的保障措施爲原則。但中央政府呼籲各地方機構提高透明度和公開
性，必須在網上公布所有關於政府服務品質的資訊，確實掌握和滿足民眾
的需求[11]。

　　本階段的評鑑工作主要由「國家監督和審計委員會」來負責，其法定
職權除了審查地方政府機構的績效指標之外，委員會每年會根據 31 個地
方政府所提供的資料，包括自評報告和佐證資料，做成報告書，並加以公
布。報告內容除文字評估與判斷外，也運用各種圖表輔助說明。內容形式
舉例如圖 5-4、5-5、5-6：

9　參閱英國政府網站，"News story: Pickles strips away pointless town hall red tape targets."（https://www.gov.uk/government/news/pickles-strips-away-pointless-town-hall-red-tape-targets）。下載日期：2018.12.20。

10　即：教育標準局（ofsted）、照護品質委員會（Care Quality Commission）、皇家緩刑監察局（HM Inspectorate of Probation）、皇家員警監察局（HM Inspectorate of Constabulary）和皇家監獄監察局（HM Inspectorate of Prisons）。

11　政府致力於「避開過去的官僚槓桿」，用更大的公開透明度和問責制度，取代白廳監督的沉重負擔，讓地方政府能夠專注於第一線服務（The Government is committed to 'shunning the bureaucratic levers of the past' by replacing the heavy burden of Whitehall oversight with greater public transparency and accountability so councils can focus on frontline services）。

Table 1: Vacancy Rate at 31/12/2016; Average Re-Letting Time and Cost; Maintenance Cost by Unit

Authority	% of Local Authority owned Dwellings that were Vacant on 31/12/2016	Average Time from Date of Vacation of Dwelling to the Date in 2016 when a new Tenancy had Commenced (Weeks)	Average Cost Expended on Getting the Re-tenanted Dwellings Ready for Re-letting (€)	Average per Dwelling Expenditure in 2016 on Repair and Maintenance of LA Housing (€)
Carlow County	1.86	12.89	15,418.89	665.73
Cavan County	4.43	57.38	10,221.82	1,034.87
Clare County	3.84	32.77	17,862.12	794.68
Cork City	3.51	110.96	28,878.20	2,751.45
Cork County	2.58	16.78	13,435.35	1,787.58
Donegal County	3.30	41.90	9,865.18	812.78
Dublin City	5.33	20.31	19,680.78	2,809.03
Dún Laoghaire-Rathdown	1.10	13.02	10,706.24	1,768.55
Fingal County	1.97	18.53	11,887.97	805.60
Galway City	1.91	45.53	18,281.77	1,603.66
Galway County	3.76	49.86	19,091.86	1,050.43
Kerry County	3.58	38.89	10,474.25	569.69
Kildare County	1.84	15.82	46,180.73	1,669.27
Kilkenny County	1.23	17.75	11,164.31	1,299.86
Laois County	1.37	10.92	5,402.73	917.72
Leitrim County	8.35	79.42	16,242.34	1,325.35
Limerick City & County	3.73	17.39	13,380.25	613.89
Longford County	5.13	47.54	9,157.86	685.47
Louth County	1.31	16.63	9,974.63	1,432.82
Mayo County	3.04	48.80	11,528.61	943.26
Meath County	1.76	20.90	30,258.26	908.28
Monaghan County	1.04	8.03	11,664.39	1,013.24
Offaly County	1.56	22.31	17,274.00	461.00
Roscommon County	6.07	64.82	10,275.12	501.96
Sligo County	6.09	79.64	14,930.74	345.02
South Dublin County	0.53	10.95	18,057.43	1,106.22
Tipperary County	2.73	25.89	6,833.37	623.64
Waterford City & County	2.40	21.00	9,374.42	969.12
Westmeath County	0.65	8.67	12,551.65	647.87
Wexford County	1.31	20.21	6,535.53	1,101.49
Wicklow County	0.96	19.42	18,103.18	1,251.54

資料來源：NOAC Report No. 14, 2018 年 1 月，頁 28。

圖 5-4　地方政府績效報告書內容範例一

Key Figures

Expenditure on Repair and Maintenance of LA Stock Compiled on a Continuous Basis during 2017 (€)
174,573,322.34

% Drinking Water in Private Schemes in Compliance with Regulations
97.70%

Regional Road Improvement
- Improvement Grants €52,699,408
- Resealing €11,605,908

Local Road Improvement
- Improvement Grants €114,023,760
- Resealing €31,864,247

Spend Per Capita
Overall - €57.89
Fire Services - €57.74
Library Service - €31.00
Planning - €28.31

Overall Totals
Revenue Budget- € 4,275,614,214
- €273,315,342.13
Library - €147,608,663
Planning - €134,798,582.63

Groups Affiliated to PPN
2,365

Average Re......time

Increase in Planning Activity
- No. of new Buildings Notified to the LA - 17,321
- Total No. of Planning Cases Investigated in 2017 - 6,549

Litter P......
- Median % Litt......
- Median % area......uted – 70%

資料來源：NOAC Report No. 19，2018年9月，頁5。

圖 5-5　地方政府績效報告書內容範例二

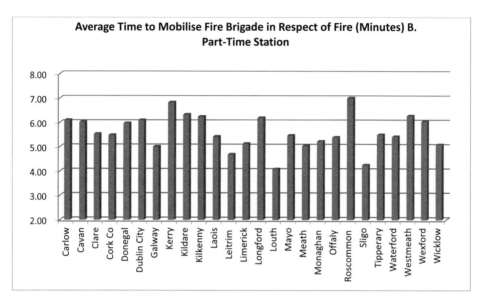

資料來源：NOAC Report No. 19，2018 年 9 月，頁 26。

圖 5-6　地方政府績效報告書內容範例三

　　圖 5-4 是有關選評各地方政府的住宅管理績效，包括：交易、租賃、維修等情形。圖 5-5 指出各評鑑要項的總體表現績效的關鍵數據。圖 5-6 則是有關各地方政府消防隊接獲通報後，到達災情現場的時間評比。

　　此外，中央政府也組織包括資料視覺化專家、內容設計師、品牌經理和政府人員等專業團隊，為部會或地方政府服務團隊構建「資料儀表板」（data dashboard），將其服務績效成果，由政府網站（GOV.UK）發布，讓民眾隨時查詢，了解相關服務狀況。統計資料的新範本如圖 5-7 所示：

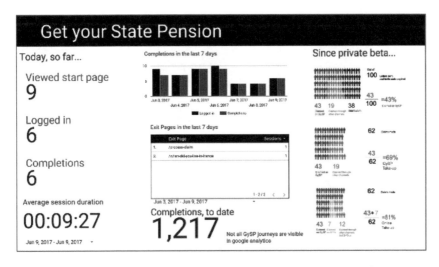

資料來源：英國政府網站（https://dataingovernment.blog.gov.uk/）。

圖 5-7　政府績效「資料儀表板」頁面

第四節　本章結論

　　透過對英國地方政府績效管理制度演進和內涵的探討，至少有下列三點值得我們學習：

　　第一，「事權明確，化簡馭繁」。英國中央政府中始終有一個部會（委員會）負責協調與地方政府的關係，幾經更迭，目前由「住宅社區暨地方政府部」（Ministry of Housing, Communities & Local Government, MHCLG）負責該任務。然而，英國審計委員會作為全國性的獨立公共機構，才是績效評估體系的主要執行者，它同時負有蒐集資訊反饋、研究、設計、制定、修正和發布相關績效評估體系的使命。即便 2010 年中央擴大向地方分權以後，主管地方治理事務的住宅社區暨地方政府部，仍與相關監察機構（2014 年後為「國家監督和審計委員會」，NOAC）密切配合，其目的是對地方政府部門進行獨立監督，以確保英國地方政府績效管理機制的有效運作。「權明簡政」原則，使得地方公共服務績效管理的成效得

以確保，不會因為多元分歧的英國地方治理結構而大打折扣。

　　第二，「與時俱進，逐步修訂」。儘管社區及地方政府部聲明：NI指標體系是中央政府考核地方政府績效的「唯一」指標體系，並將整合取代包括 BVPI 在內的各個績效指標體系；但同時，不管是 BVPI、NI 或 PI，無論是 CPA、CAA，或後來的地方自評方式，我們看到英國中央政府在規範地方政府應該提供什麼樣的服務，並考核其實施績效的做法上，一直是推陳出新和用心良苦的。英國地方政府績效評鑑體系為一個動態的機制，其修訂工作一直在持續進行，功能也更趨完善，更貼近民眾。英國政府治理的彈性化特色，在此展露無遺。透過制度的參考，或許能為我國中央政府如何引導地方政府追求更佳的服務績效，帶來一些啟發。

　　第三，從「府際協力」到「夥伴關係」。英國自 2000 年《地方政府法》實施後，各地方政府的治理作為和績效管理，已經漸趨一致。無論是「公共服務協議／最佳價值計畫」（PSA／BVPP）制度，到 CPA、CAA 或後來的地方政府自評機制，顯示當前英國地方治理越來越重視民眾的參與和多元監督。現行地方政府績效評鑑並不強調排行，重視自我的目標實現和改善機制，除了在決策過程中的法定諮商程序外，資訊公開揭露更是要求嚴格。綜觀英國地方政府績效管理機制的發展和運作，也是從一種「府際協力」的形式，逐漸朝向一種包括中央、地方、非營利組織及社區民眾在內的治理「夥伴關係」。

第六章 英國「區域」的興起與超越

本章結合治理理論、政策網絡、跨域協力及新區域主義等概念，提出一個整合性的分析架構，探討英國地方與區域治理機制的建構、運作與轉型。研究以英國當前地方治理核心──「城市─區域」（City-Region）體制出發，並對英國區域治理中的「跨地區協議」（Multi-Area Agreement, MAA）制度加以介紹。其次，以「大倫敦市管理局」（Greater London Authority, GLA）以及曾為區域治理要角的「區域之政府辦公室」（Government Offices for the Regions, GOs）為個案，分析其等如何嘗試跳脫傳統「中央─地方」形式的治理框架與迷思，發揮執行、協調、策略和健全治理網絡等功能，最後達到「資源整合」、「問題解決」等目標？最後，評介歐盟架構下的英國區域間跨邊界合作議題。本研究透過對個案機制之設計理念與實際運作之分析，發現無論是由中央主導，或僅強調地方自治，恐怕已經不能因應當前複雜的環境因素與權力關係。當前治理模式已經朝向一種多重政體、整合功能及跨部門夥伴關係發展。

為了因應時代變局，強化競爭優勢，近年有越來越多的政策執行模式應運而生，許多「治理」機制已經超越傳統「政府」的形式或機關設置標準，從一個更宏觀與彈性的角度，建構適合當前環境的公共事務治理機制。從層次上分析，在宏觀的「全球治理」（global governance）和微觀、具有個別特色的「地方治理」（local governance）之間，逐漸發展出一種「中觀」或屬於「中層架構」（meso-level）的「區域治理」途徑，它依循「新區域主義」（Neo-regionalism）的精神，重視「由下而上」且具跨域性質的「策略性夥伴關係」（黃榮源，2013：40）。其中，以「問題解決」（problem-solving）為目的之區域間（interregional）或跨區域

（cross-regional）的組織、平臺或論壇紛紛出現[1]；類似區域層級治理機制，作爲傳統層級式政府管理模式的一種補充，運用跨域概念，致力於擴散（proliferate）政府的策略目標，讓政策發揮加值的效果（best value）。

第一節　研究背景與問題

一、研究背景

　　目前各國區域治理模式雖然不盡相同，但仍有其共同特質，也就是從問題解決的角度著眼，期能突破舊有地域窠臼，尋找一個有能力、具彈性與競爭優勢的治理結構。不論這些特定的機制是地方層級的「執行機關」（executive agency）、公私協力夥伴（public-private partnership）、公民團體，或是各種形式的區域聯盟和協定，在兼顧公民權利、治理效能和因地制宜的前提下，都有可能爲現階段相對較佳的方案。然而，這些模式常具有濃厚因地制宜色彩，實有必要加以釐清和建立體系。各國實行過不同方法來解決區域間各種的衝突或發展問題，當中有的方法需要變更地方政府的領域或結構，有的方法則是在政府及組織之間移轉某些職能或進行某些合作。其中，後者對現存的政治權力與結構改變不大，較容易爲地方政府所接受，使用時機也較多。這一方面顯示各區域囿於現實，只能對制度採取漸進變革，另一方面也讓我們體認到完善治理機制中政治性、策略性角色的重要性。

　　前述各區域治理模式，就其關注重點可概分爲「制度的變革和建立」，以及「機制的運作和調適」兩部分。前者如：美國「大都會化」（metropolitanization），或英國的「城市—區域」（city-region）制度的概念；後者如：歐洲區域（Euregions）之「跨境治理」（Cross-border

---

1　例如：美國的大都會區政府、大倫敦市管理局（GLA）、英國的「城市—區域」（City-region）、跨地區協議（MAA）、歐盟的「歐洲區域」（Euregion），以及臺灣的「區域緊急醫療應變中心」（REOC）等。（參閱 Scott, 2006: 371-73；黃榮源，2015a：121-153） governance）、英國的「跨地區協議」（MAA），與臺灣之「區域緊急醫療應變中心」（Regional Emergency Operation Centers, REOC）之防救災網絡等。在臺灣，相關區域治理機制或平臺建構問題，無論在學術或實務界，時有議論（陳立剛、李長晏，2003；紀俊臣，2004、2008；夏鑄九，2004；吳濟華、柯志昌，2007；呂育誠，2007；曾淑娟，2008；李長晏，2012a、2012b、2016；陳一夫等，2015；黃榮源，2015b）。但在跨域治理機制規劃過程中，現實的問題使得組織再造和規劃過程顯得龐雜和困難（張四明等，2015：115）。有鑑於傳統行政組織在時空變化和新興問題的衝擊下，組織改造或治理結構調整已是勢在必行，相關治理機制建構的問題，已經成為當前公共治理重要議題，但因為連帶形成之經費、人力配置，甚至政治角力、社會期待等因素限制，相關機制建構之成效有限。在實務規劃過程中，咸認為擴大正式編制或新增政府層級方式，已經不宜列為組織改造後公共服務提供的常態，而應該視業務特性、需求與急迫性，或是區域均衡等因素個別評估（張四明等，2015）。

　　在此背景下，本章將以務實與制度的可行性為分析重點，以英國地方與區域治理機制的建構與運作為個案，嘗試找尋一個既不衝擊現行體制、符合政治現實，同時又能遂行區域治理之執行、協調、策略及促進效能的治理機制或模式。如圖 6-1 所示，研究從治理理論、政策網絡、跨域協力等概念為切入點，特別關注新區域主義精神之「參與」、「協力」、「課責」內涵，及其執行的「績效」等，對相關治理機制設計的影響。方法上兼採文獻分析及個案研究，對英國區域及地方治理機制加以探討。個案包括：「城市—區域」體制，同時，也一併對英國區域治理中的「跨地區協議」加以介紹。其次，從「大倫敦市管理局」及「政府區域辦公室」個案，探討英國區域治理機制的整合與策略功能。最後，針對歐盟架構下的英國區域間跨邊界合作議題，加以評介。研究其如何嘗試跳脫傳統「中央—地方」形式的迷思與治理框架，遂行其傳統的「行政職能」、協力網絡中之「協調功能」，以及「策略規劃與導航」等三大公共治理的關鍵任務，達到「問題解決」、「資源整合」，最後達成「效率提升」、「互利共榮」等治理目標。

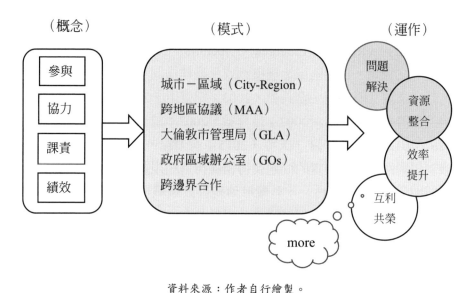

資料來源：作者自行繪製。

圖 6-1　當前英國區域治理機制概念圖

二、研究目的與問題

　　本章主要從「治理」（governance）、「網絡」（network）、「跨域」（cross-boundary）和「協力」（collaborative）等途徑，探討當前英國區域治理機制建構與運作的核心要素；其次，探討英國當前區域治理機制如何遂行「行政職能」、「協調功能」，以及「策略規劃與導航」等現代公共治理的關鍵任務。第三，嘗試分析英國地方與區域治理機制的轉型與變革內涵。研究將透過相關文獻及報告，分析個案的設計要點及運作內涵，並思考其對學理與實務上之啟發。研究首先對相關理論、文獻及個案加以整理分析：包括新區域主義、政策網絡、跨域治理、英國區域治理發展等理論概念；其次，是對英國「城市—區域」、「跨地區協議」、「大倫敦市管理局」、「政府區域辦公室」制度的沿革、設計與實施，做一陳述與歸納。最後，著手分析、連結個案與治理概念間的相互關係，以作為下一階段實證觀察的問題面向。

整體而言，本章探索的內涵包括：全球政治經濟發展對英國地方及區域治理制度的調整及運作造成哪些的影響及結果？再者，探索跨域合作及治理之最佳實務之可能性與困難。

第二節　英國地方及區域治理個案

本節首先探討「城市─區域」體制，它是近年逐漸成為英國地方及區域治理主流的一種整合型機制；同時，研究也一併對英國區域治理中的「跨地區協議」制度加以介紹。第二部分，是以「大倫敦市管理局」及「政府區域辦公室」為個案，探討英國區域治理機制的整合與策略功能。最後，是針對歐盟架構下的英國區域間跨邊界合作議題，加以評介。

一、「城市─區域」體制

2006 年，英國政府出版《英格蘭城市國家》（*State of the English Cities*）報告書後，「城市─區域」理念，逐漸被正式當成一種區域治理機制。報告中指出英格蘭與威爾斯九大核心都市，在英國區域發展與跨域治理中扮演了關鍵的驅動角色，並建議以建立「城市─區域」發展模式，作為區域治理的核心工作。報告書也指出，該模式最重要的一個命題在於「城市─區域」是區域發展的核心，並提供區域生產所必須的要素（ODPM, 2006）。

在實務上，英國地方政府在經過充分討論與授權下，就可以聯合提出「城市─區域」自治體的申請。2009 年，中央正式授予曼徹斯特（Manchester）與里茲（Leeds）2 大「城市─區域」的法定地位；2010 年的 3 月，曼徹斯特進一步取得區域內 10 個地方行政區議會全數通過，成立新的「城市─區域」政府，英國跨域治理從此正式邁向新的紀元（李長晏，2012b：133）。至 2019 年止，英格蘭共有 9 個「城市─區域」，威爾斯有兩個，蘇格蘭則有亞伯丁（Aberdeen）、愛丁堡（Edinburgh）、格

拉斯哥（Glasgow）及伊文尼斯（Inverness）4個「城市—區域」。

　　「城市—區域」的治理尺度，被認為是當前地方資源運作的最適規模，以英國地方治理為例，若單以次國家或大區域為單位，會因規模過大而不能有效連結網絡與資源以達到治理效率，同時也不利於生活圈的塑造；若直接下放到城鎮與鄉市層級，又會因為規模太小而不能有效整合跨行政區的資源，也不利於整合策略性空間規劃、交通運輸、經濟發展與規劃等問題。

　　如圖6-2所示，「城市—區域」的構想是在一個特定區域內，由包括一個「深色」都會區（urban）、若干個「淺色」半都會區（peri-urban）及廣大的「灰色」郊區（rural areas）三個層級組成，並各自發展其不同功能的互賴與協力治理結構。事實證明，世界各地的城市都在其策略規劃上，超越它原有城市的邊界，朝向一種跨域的趨勢發展。例如：Maye（2016: 14-15）曾從「城市—區域」的角度，來探討都會區的糧食治理問題。他指出，因為每一個「城市—區域」都有其特點和限制因素，因此需要有相應的治理作為，以反映系絡上的特殊性，並且用各種方式來確保一個大都會區的糧食生產與供應。

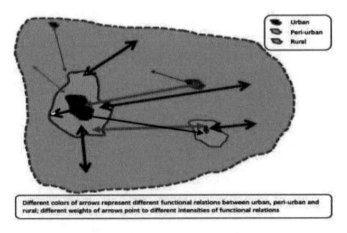

資料來源：Maye, D. (2015). Smart Food Governance, Sustainability Transitions and City-Regions.

圖6-2　「城市—區域」結構及互動示意圖

　　綜言之，「城市－區域」理念是近年英國政府在區域治理上的中心思想，鄭安廷（2010）認爲這種以核心城市帶動周邊區域發展的想法，是一種折衷性的區域發展策略方案。Wilson 與 Game（2011）觀察發現，「城市－區域」治理模式在意義上超越了傳統的英國地方治理概念，它把各城鎮之間做一策略性的空間規劃，並以目標導向方式，讓區域內各地方具有明確的發展目標，以達到區域治理的功能。Tewdwr-Jones 和 McNeill（2000）認爲，在「城市－區域」機制的運作下，地方政府一方面得以維持既有地位及運作，一方面也可以在新的治理機制中，獲得問題的解決和更多的參與。2016 年，國會通過《城市和地方政府委任分權法》後，英格蘭和威爾斯境內之「城市－區域」民眾，獲得直選市長的權利，也將有關住宅、運輸、區域規劃和警察勤務等權力下放到地方聯合政府，「城市－區域」的跨域及策略性功能，更得以發揮。

　　「城市－區域」模式可以說是一種建構在現有制度上的治理變革，而這樣的特性使得新機制能夠延續既有的制度脈絡，並獲得較多人的認同。從行政與地方治理的觀點觀之，「城市－區域」可被視爲一個具有策略性的行政與政策制定層級（Tewdwr-Jones and McNeill, 2000）。這個概念跳脫原本單一地方行政觀念，並納入了多種機構和代理機制，以形塑具有策略性的區域發展模式。因此，「城市－區域」平臺成爲理解當前全球城市及各國都市化發展最重要的場域，國家和地區的發展，已不再是由個別城市所主導，而是依託著城市與其所在的廣大腹地區域，在內部存在密切的分工和互補關係，構成相互關聯的生產網絡和城市網絡（任遠、陳向明，2009）。Davoudi（2003）從規劃的角度來看，認爲將「城市－區域」視爲一種整合性的行政治理層級，同時進一步形成整體的跨域合作和共同規劃，可以讓區域內城市均能透過對其周邊地區經濟上、社會上和文化上的影響，自發性地形成一個生活依賴圈，進而逐漸深化形成一個共同性的規劃及治理單位。

二、跨地區協議（MAA）

1997 年新工黨執政後，其所倡導的夥伴協力政策，原則上是一種以地方政府為基礎的治理途徑。而英國的區域治理與區域經濟發展和競爭力提升息息相關，制度改革亦從跨域經濟治理機制著手。有關英國區域治理的制度設計，李長晏（2011）將其區分為「中央政府主導型」與「地方政府主導型」兩類。中央主導型以「區域發展署」（Regional Development Agency, RDA）的成立，做為跨域治理機制改造的起點。1998 年，《區域發展署法案》（*Regional Development Agencies Act 1998*）明訂當時八個英格蘭「城市－區域」外加大倫敦，都必須設立區域發展署，而促進區域經濟發展為其主要工作。

2010 年，區域發展署進行大幅結構調整，因為它具有半官方機構的特性，在中央與地方政府之間的協調角色變得尷尬，連帶讓它的協調功能受到影響；此外，區域發展署的委員會組成主要來自商界、地方政府及利益團體，但卻是內閣大臣所任命，讓人質疑該組織是否為中央駐地方辦公室？但即便如此，區域發展署的功能還是不能被全盤否定的（李長晏，2011）。

在地方主導型的區域治理組織上，工黨政府致力於整合地方治理機制，並將努力的重點放在由下而上的地方政府的整合，相關的機制有：（一）區域立法機關、郡議會、都會區管理局；（二）地方策略性夥伴關係；（三）地方公共服務協議；（四）地方區域協議；以及（五）地方協定。一系列的區域治理措施，展現出英國政府對於地方治理有著多元且彈性的作法，並能傾聽與貼近地方民眾的實際需求。其中以「跨地區協議」較具代表性（Wilson and Game, 2011），它是一種地方行政的合作機制，制度源自於 2006 年《地方政府白皮書》（*Strong and Prosperous Communities - The Local Government White Paper*）所規劃的「地方區域協議」制度。此文件宣示地方政府在區域發展中所扮演的不可替代角色，並承諾將同時促進城市的復興與區域發展，而非粗暴的強將區域行政組織架構於地方政府之上。2006 年，將原來的「地方區域協議」修正為「跨地區協議」，基於

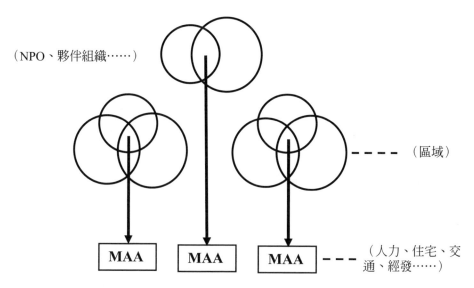

資料來源：作者自行繪製。

圖 6-3　MAA 架構圖

尊重地方意願及多元治理的概念，這個機制不僅是由各地方政府主導，並且是自願成立，同時也納入非營利組織及各種夥伴組織。

　　形式上，「跨地區協議」被定位成一種地方合作契約的模式（如圖 6-3），透過地方政府間主動的權力下放，使跨地區協議能夠有權限處理人力資源與技職訓練、住宅計畫與配置、交通及地方基礎建設，以及經濟發展等事務。就實質上而言，藉由地方互信的逐步建立，一個可以實際運作的區域治理機制才更有機會出現。2006 年至 2010 年之間，共有 15 個地區簽署組織跨地區協議[2]。

三、大倫敦市管理局（GLA）

　　由於城區規模不斷擴張，英國政府於 1830 年代開始規劃建立具有大

---

[2]　跨地區協議後來被整合入保守黨與自民黨聯合政府新創的「地方企業夥伴關係」（Local Enterprise Partnerships, LEPs）體系中。該體系亦承接「區域發展署」的功能和角色。

都會政府性質的管理機構，近代大倫敦的管理體制改革於是展開。

（一）大倫敦管理體制的變革

　　1855 年成立的「都市工作委員會」（Metropolitan Board of Works, MBW），是倫敦都市地方管理機構的雛形（Travers, 2004: 21-23）。1888 年的《地方政府法》（*The Local Government Act 1888*），是英國近代關於地方政府管理重要的立法，該法案替倫敦市產生第一個選舉產生的城市政府──「倫敦郡議會」（The London County Council, LCC）。1899 年，《倫敦政府法》（*London Government Act 1899*）制定，而與倫敦郡議會抗衡的 28 個地方議會，也根據該法案的規定而建立，形成管理倫敦的兩級體制結構。在兩級體制下，倫敦郡議會擁有很大權力，同時廢除了教區，改制為自治市，自治市就此開始成為都市基層地方政府的基本單元。

　　隨著倫敦郡以外的居民人口越來越多，英國政府於 1947 年通過《城鄉規劃法》（*Town and Country Planning Act 1947*），明確規定大倫敦的區域整合規劃地位。1957 年，赫伯特（Sir Edwin Herbert）委員會建議倫敦採行兩級政府體制結構，以確保建構一個有效、便利的地方政府。基於整合需求，1963 年制定《倫敦政府法》（*London Government Act 1963*），並依此於 1965 年成立了「大倫敦市議會」（Greater London Council, GLC），代替了自維多利亞時代以來的「倫敦郡議會」。與此同時，將原有的 52 個都市自治市重組為 32 個倫敦自治市和倫敦城，以因應管理體制改革的需要，並對整個區域進行統一的規劃。從 1965 年到 1986 年的 21 年間，倫敦市也就一直保持著「大倫敦市議會─自治市議會」的兩級政府管理模式。

　　然而，此模式有著結構上的缺陷：最主要是管理協調與職能分工都很困難；而兩級地方政府之間不是上下行政隸屬關係，削弱了大倫敦議會干預城市發展的權威性，也降低了發揮策略職責的能力（Barlow, 1991）。於是在 1980 年代，柴契爾政府大刀闊斧地推行改革，在地方政府管理方面，認為應該減少政府管理層級，使政府更貼近市民，更具效率和效能。

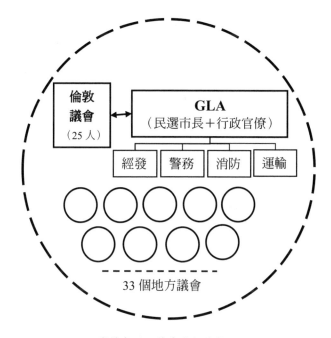

資料來源：作者自行繪製。

圖 6-4　大倫敦市行政架構圖

根據 1986 年的《地方政府法》（*London Government Act 1986*），將大倫敦地區的政府結構從兩級政府改制爲一級政府，即廢除大倫敦市議會，其職權轉交給自治市（包括倫敦城）的民選議會和新成立的聯合委員會及其他特定的組織。之後因成本效率、議會和議員功能角色混淆等問題被裁撤（Travers, 2004: 28-31）。倫敦的管理和運營也因此呈現出多頭馬車的混亂局面，區域規劃亦難以協調。

　　1997 年，新工黨政府決定採取公民投票方式，重新引入由民主選舉產生的大倫敦政府。1998 年 5 月，倫敦居民以多數比例投票同意建立「大倫敦市管理局」或稱「大倫敦市政府」。經歷了 14 年的混亂狀態後，大倫敦市政府在 1999 年建立，倫敦又重新恢復了兩級政府管理模式，由大倫敦和 33 個倫敦自治市（包括倫敦城）構成倫敦的治理層級。2000 年 5 月 4 日，舉行大倫敦市之市長、大倫敦市議會議員及部分地方議會議員選

舉，同時恢復大倫敦都會政府，即是由民選議會和市長所組成的「大倫敦管理局」，以解決都會區內地方政府的共同課題，並強化都會區發展之整體性。目前，倫敦地區的政府體制由大倫敦市政府、倫敦自治市和倫敦議會（The London Assembly）、中央政府倫敦辦公室（Government Office for London, GO）及代表倫敦 33 個地方議會所組成的倫敦地方政府協會所組成（如圖 6-4）（Pimlott and Rao, 2001; Travers, 2004; Wilson and Game, 2011）。

（二）大倫敦市管理局的組成與特色

從內涵上來看，大倫敦政府是一個策略性政府機構，它與傳統的兩級體制不同，因為兩級之間不存在隸屬和管轄關係，而是一種合作和夥伴關係，它被授予「策略性」的權力，即擁有包括經濟發展、警務、消防救護及運輸等功能。因此，大倫敦政府或是倫敦各自治市議會兩者間最大的區別在於各自所負擔的職責有異，而不是兩者在層級及地位上有差異。無論是大倫敦政府或是倫敦各自治市議會都必須面對市民，且須盡可能地貼近市民，為市民提供公共服務。

從行政權力來看，大倫敦市是由一個核心機構（core authority）與四個功能性單位（functional bodies）所組成，即包含一個大倫敦市政府部門（事務性組織），加上的倫敦發展局（London Development Agency, LDA）、大都會警察局（Metropolitan Police Authority, MPA）、倫敦消防與緊急規劃局（London Fire and Emergency Planning Authority, LFEPA）及倫敦運輸局（Transport for London, TfL）等四大功能單位構成。但上述四個功能單位不能視為是市府核心機構的下屬單位，市府也無法掌控其預算資源的分配。如同英國其他區域中的「半官方機構」（quangos）地位一樣，享有自主管理之權。但有趣的是，在策略的層次上，他們仍受倫敦市長及其行政團隊的指揮和影響，也需受議會（Assembly）的監督（Sandford, 2005: 212-213）。

但從權責關係上看，大倫敦市管理局由民選之倫敦市長（Mayor of

London）、25 位倫敦議會（London Assembly）議員，以及 GLA 之行政官僚所組成，前兩者均為四年一任，同時選出，最近一次選舉是在 2016 年 5 月舉行。原則上，大倫敦市政府代表整個倫敦，而各自治市只是代表各自區域，大倫敦市長則是扮演居中協調的關鍵角色。市長和議會之間，具有相互制衡監督的功能，但也因此產生了許多矛盾與衝突。但在中央層次的公共行政方面，倫敦仍然保留了它的地區地位，包括擁有自己的中央政府倫敦辦公室、區域發展署，它也是政府執行政策的一個分支機構。

綜上所述，大倫敦市政府的成立是一項城市治理體制的突破，尤其在全球競爭層次上，它是一種策略型區域或地方政府，除了有效地整合了各自治市的政策決定與地方規劃，也為各自治市的合作與協調機制提供一個溝通平臺。

四、政府區域辦公室（Government Offices for the Regions, GOs）

政府區域辦公室成立於 1994 年梅傑首相任內，在 2002 年的《你的區域，你的選擇》白皮書中，提供了在倫敦以外的區域（Region）建立其民選機構的權利，但必須經所屬公民之同意（Cabinet Office and DTLR, 2002）。至 2011 年裁撤為止，全英格蘭共建立 9 個「區域」（Region），包括大倫敦區，和其他 8 個區域，此為英國最高層級的次國家體系，從作為歐洲議會議員選舉的選區、中央政府的統計單位的初期角色，慢慢轉型為具有行政、整合與策略功能的治理機制。中央政府在各區域成立分支機構或執行機構也有了先例和依循。

有鑒於英國各區域或地方行政機關由於歷史淵源不一，呈現散亂（fragmented）的狀態，難以整合中央政策，無法提供民眾較好的公共服務，因此有在各區域成立「政府區域辦公室」之構想。過去地方政府的架構與發展已不符合當前之需求，尤其相較於其他歐洲國家，如法國有所謂 *prefet* 機制來協助整合其中央部會和各區域間的行政事務。但英國當時並沒有類似機構，以整合或協調中央政策在地方層級上的執行。如

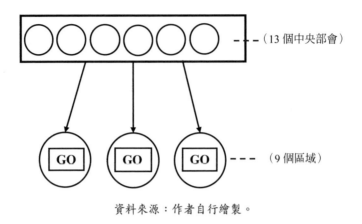

資料來源：作者自行繪製。

圖 6-5 GOs 架構圖

圖 6-5 所示，中央政府在各地區成立 GOs 的初步做法是將交通、就業、環境、貿易與工業四個部會在區域的辦公室加以整合，由一位區域主任（Regional Director）指揮，並負責向上述四個內閣大臣報告和負責。最後，形成一個由 13 個中央部會代表在內的區域單一窗口辦事處。GOs 的任務雖然不是新設的，但其成立是希望能達成下述目標：

（一）擴散（proliferation）政府策略目標的推動，例如：各地區「公共服務協議」（PSAs）的諮商、LAA 的協調。

（二）協助推動公私協力夥伴關係的推動，確保與各「區域策略夥伴」（LSPs）之間治理效能。

（三）降低成本，樽節預算支出。中央、區域和地方在一致的基礎下，讓政策發揮加值的效果。

隨著新工黨的執政，區域主義概念越加強勢，區域行動者越來越期望在一種跨越公共、私人和社區界限且較為扁平的組織結構中運作，從而提供更全面的區域管理方法（Rhodes 2000; Bevir and Rhodes, 2003; Koppenjan and Klijn, 2004）。在英國，中央與地區及地方機構之間的垂直聯繫也變得日益重要，區域行動者致力發展和加強其治理能力以開展合作，盡可能發揮其在政府中的影響力；中央部門也將考慮區域各方利益在制定政策和支

出計畫時的各種看法（Flinders, 2002）。正如英國財政部所指出的：「政府認為，在對區域優先事項做出決定時，他們（政府區域辦公室）很可能會做出更好的決定，並得以設計更適當的政策回應。」（HM Treasury, 2004: 3）

　　整體而言，政府區域辦公室是一個具有執行、協調、策略和健全治理網絡功能的機制，曾經扮演英國區域或跨域治理實務上重要的角色。但在運作上亦發現一些問題和缺失，最終面臨退場變革的命運，下一節將對此做進一步分析與探討[3]。

五、歐盟架構下的跨邊界合作機制

　　除了上述機制之外，影響英國區域治理或跨域合作實務的另一變項就是歐盟架構下的跨邊界合作機制。英國在 1973 年加入歐洲共同體（European Community, EC），但當時除了共同市場等少數政策部分移轉到歐盟層次之外，各國政府仍然主導大部分的國內政策。在區域政策或跨區域合作事務上，歐盟各國仍然是沒有整合的。當時僅以「歐洲農業保證與指導基金」（EAGGF）、「歐洲社會基金」（ESF），或是「歐洲開發銀行」（European Investment Bank）的財政補助，勉強支撐會員國之間的凝聚力。但在 1980 年代中期以後，歐盟因素對歐洲各國內政的影響日趨明顯，幾乎所有政策領域，或多或少都涉及跨國間合作或協調的規範和機制。英國當然也不例外，許多決策過程和結果，皆涵蓋在歐盟決策的範疇之內。

　　在學術討論上，許多人認為歐盟跨境合作僅僅是地方菁英為了方便獲得結構基金補助所做的權宜措施（Church and Reid, 1999: 643-655; Van Hootum, 1988）；但也有人認為越來越多的跨境合作代表主權國家體系的弱化，同時也表示傳統疆界的認同已面臨新的挑戰（Jessop, 2002: 323-

---

[3] 2010 年 10 月，英國聯合政府的支出審查（Coalition Government's Spending Review）中宣布取消政府區域辦公室。除了少數單位轉移到其他地方，各政府區域辦公室已於 2011 年 3 月底關閉。

60; Bray, 2004）。Kramsch 和 Hooper（2006: 1-22）則認為不應該把跨境合作政策複雜化，而要把每個跨境合作個案當成是個別的「邊界建制」（border regime）來看待。

如第七章圖 7-1 所示，歐盟跨境合作是屬於歐盟多層治理網絡的一環，是一套包含超國家、國家和區域、地方各層次持續協商談判的巢狀政府體系（Kramsch and Hooper, 2006: 1-22; Marks, 1993: 391-410）。簡言之，歐盟跨境合作的建立，主要著眼於現實上是否有其功能性的考量和需求，而進行各級政府或單位的整合。而這類的協同（collaboration）行動在歐盟區域政策及制度設計下，由歐盟「區域委員會」所屬的各「歐洲區域」為主角，展開不同方式和程度的協同治理作為，在英國也在許多區域開始產生效應。

本書第七章將以「愛爾蘭／英國（北愛爾蘭）邊界區域」（Ireland/UK Border Region）的跨境合作為例，再深入了解歐盟治理模式的發展，如何影響英國地方及區域治理模式運作的現狀。

第三節　整體分析與評估

研究認為跨區域治理機制並未有一個普遍性的典範，應針對政治目標、行政規劃、不同目標及功能，做一個整合性和彈性化的考量（黃榮源，2015b）。換言之，區域治理機制建構與選擇應從多元角度評估，在體認當前治理實務與制度可行條件下，找尋一個符合政治現實及歷史發展，同時又能遂行當前治理環境下之執行、協調、策略及促進效能的治理機制或模式。

一、英國區域治理機制的模型與選擇

本章從英國「城市—區域」、「跨地區協議」、「大倫敦市管理局」及「政府區域辦公室」等 4 個個案討論中，發現當前英國地方及區域治理

機制的模式，可依其功能屬性及結構組成的不同而有不同類型。在規劃或實際運作上，有些機制具有較高的行政屬性，有些則被賦予較多的政治功能或效益；其中，有些機制屬於正式組織結構，彈性較少，有些則相對鬆散，選擇彈性較大。

如圖 6-6 所示，以該跨域機制的「行政取向」或「政治取向」爲橫軸，「結構限制」或「彈性選擇」爲縱軸，地方或區域治理機制可以劃分爲不同類型，各有其功能及優劣[4]。若以此爲劃分標準，上述四個個案或可分別置於 I、II、III、VI 不同象限中加以觀察：「城市─區域」（I 象限）模式是以目標導向，讓區域內各地方政府維持既有地位及運作下，同時在新的治理機制中，共同參與以解決特定問題，因此其形式也相當具有

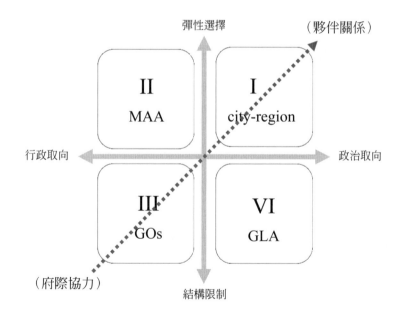

資料來源：作者自行繪製。

圖 6-6　英國地方及區域治理機制的類型

4　作者感謝臺北市立大學李柏諭教授於 2018 年第十屆公共治理國際學術研討會中的建議與資料提供，國立中興大學國家政策與公共事務研究所，2018 年 11 月 30 日。

彈性。「跨地區協議」（II 象限）是一種地方合作契約的模式，授權處理跨地區型行政治理議題。此機制是由各地方政府主導，並且是自願成立，同時也納入非營利組織及各種夥伴組織，形式十分多元。「政府區域辦公室」（III 象限）屬於中央政府在各區域的分支機構或執行機構，具有行政及整合功能，也具有明確的組織結構。「大倫敦市管理局」（IV 象限）是具有行政權力的機構，它包含一個核心機構與四個功能單位，但除了政策決定與地方規劃權限之外，也是各自治市的合作與政治溝通平臺。

綜觀上述個案，當前英國地方及區域治理的機制運作，基本上是從一種「府際協力」形式，逐漸過渡向一種包括中央、地方及非營利組織在內的治理「夥伴關係」。而在過渡的歷程中，也包含各種創新與功能性的治理機制，如：GLA 或 MAA。

二、英國區域治理機制之策略性協調議題與評估

近代英國以「西敏寺模式」爲其制度的主軸，在「巴力門（議會）至上」的結構上，中央部門集權的態勢明顯。然而，英國區域的策略性協調仍具有悠久的傳統，尤其在 1999 年《地方政府法》施行後更加清楚。在1990 年代末期後，如土地使用與經濟規劃等領域，在政府政策中的地位越發重要，也加入更多長期的、高層次的願景與架構來引導公共政策的制定，在特定領域中，甚至有長達十五至二十年的期程規劃。也開始常用公開讓大眾廣泛了解的方式（widely-circulated documents）來設定區域的願景。

Mark Sandford（2005: 123）曾指出英國區域治理是由「策略協調」、「公民參與」及「監督課責」三個支柱所支撐。然而這三者並非全然、正式地被標明在區域治理的規範或行動中，其中所謂的策略協調和公民參與的內涵十分相近，因此常常被夾雜爲用，兩者常透過共有的機關、人事與政策目標，而達到監督與課責，而且上述過程在區域治理網絡中不斷地反覆出現。三者中尤以策略協調議題最受關注。

Sanford（2005: 124-125）指出英國區域「策略」具有以下特徵：

（一）是由區域議院（Regional Chamber）或特定區域網絡中的官員或團
　　　隊所擬定；

（二）已送交廣泛的區域團體經過諮商、討論，取得相當的共識而公告
　　　的；

（三）屬高層次的，而非針對單一個案或特定區域的政策範疇；

（四）是一長期的計畫，通常長達 15 至 20 年的期程規劃；

（五）包含被確認的「政策」或「建議」，甚至已訂有各個團體應依循的
　　　政策或建議；

（六）策略應是區域內每一行為者被強制共同遵行的，沒有單一團體有權
　　　另行個別策略。

（七）它的目標是協同公、私、志願部門的行動，或整合不同單位的政策
　　　作為。

　　如上述，區域策略的目的是創造一個區域內各主要機構、團體之間都
認同的目標，讓區內之個人及團體都能在最大的共識下共同推動特定政策
（Benneworth et al, 2002）。這些文件有些是法規，如：區域經濟策略、
區域空間策略。有些雖不屬法規，但有經過政府的授權，如：就業、交通
和永續發展策略。有些則是由區域網絡自願性制定的規則。研究顯示，
「關鍵夥伴」（key partners）的投入，是策略成功的關鍵因素，Sandford
（2005）舉出政府區域辦公室、區域發展署、區域議院與許多的執行機關
（executive agencies），均可能是所謂的關鍵夥伴。

　　2006 年 3 月，英國政府連同當年度預算報告，發表了對「政府區域
辦公室」的審查報告（ODPM 2006）。報告中提到各區域之「政府區域
辦公室」，讓中央各部門了解要如何在區域和地方推動國家政策。這包括
協助區域和地方合作夥伴發揮政策和投資的最大效用；利用協同功能與各
合作夥伴共同努力，消除政策執行障礙；為中央以及部會在區域內發言，
提供諮商意見等。但由於每一個「政府區域辦公室」其發展的方式不是全
然相同的，這會反映在其個別成效品質的差異，因此需要採取措施，以統
合、精簡各區政府區域辦公室的運作，使其能夠在支援區域和地方行政

上，發揮更大的作用。

　　上述評估實概述了政府區域辦公室的策略任務。首先，應與區域和地方夥伴合作，說明制定策略目標及優先事項，並監測追蹤這些方案的績效。第二，就推動權力下放決策議程的機會和風險，向各部門提供諮商意見並回報，使國家政策對特定的區域發揮更大自由和靈活性。第三，它應支援和鼓勵負責制定區域策略的機構，說明改善區域策略的品質和一致性，並確保部會作爲會考慮到這此策略。總體而言，這項指示重新把焦點放在政府區域辦公室的行動如何有效率、合理化和減少重複工作，這也讓各區政府區域辦公室工作人力大幅減少，讓更高比例的工作人員具有政策和業務專長，此有助於中央進一步將權力下放給區域的政策推行。

　　簡言之，政府區域辦公室自 1994 年成立後，被期待能扮演英國區域或跨域治理實務上重要角色，其成立之初是希望能達成擴散政府策略目標、協助推動公私協力夥伴關係，以及確保區域策略夥伴之間治理效能。另外，也希望中央、區域和地方整合一致，降低成本，樽節支出，讓政策發揮加值的效果。但在運作一段時間後漸漸浮現一些問題和缺失。首先，是與中央（Whitehall）的垂直關係，主要涉及人力資源、預算經費的配置，但中央較少理解地方的需求，政策仍突顯中央意志，較少地方特色，所謂「整合政府」的期待，仍需時間觀察。其次，是區域政府的決策仍必須在中央政策和方針（guideline）之內進行，地方只能在很小的程度內與中央政策的優先順序相左。第三，是區域發展署和區域議會（Assemblies）之間的競合關係，導致功能重疊模糊，尤其是「政府區域辦公室」和「區域發展署」（RDAs）兩者權責不明，功能發揮有限！最後，是與區域內其他正式的公共服務機構，如「非部會公共機構」（NDPBs）之間的水平或跨部門關係，亦出現權責不明的現象，甚至被批評爲「白廳的機關，干預和介入地方自治權」（agents of Whitehall, to intervene and interfere in localities）[5]（Mawson, 2007; Pearce *et al.*, 2008; Sanford, 2005: 142）。

---

[5] *The Guardian*, 29 Mar 2011. 引自 https://www.theguardian.com/society/2011/mar/29/regional-government-disappears-1500-jobs-lost。所謂「白廳」（Whitehall）乃指倫敦市區的官府大道，

　　除了整合與權責衝突的問題之外，參與或課責等相關的「民主」本質亦被質疑。做爲新工黨「整合」政府方案的一部分，內閣鼓勵各部門採取一種更協調的辦法來處理區域層面的政策問題，以提高行政人員處理複雜、跨組織與區域決策和執行的能力。但本質上，英國政府並沒有考慮到權力下放的設計，更不要說中央權力被削弱，中央仍利用其可觀的區域影響力來加強對決策和資源的控制（Adams et al., 2003; Bache and Flinders, 2004），即使當新工黨政府呼籲透過網絡方式提供服務時，它仍傾向於中央管控，以掌握政策最終的結果（Bevir, 2005: 10）。2010 年 11 月，一份裁撤 GOs 的政府報告中表示：「現有的區域政府安排『缺乏民主問責制』，爲地方議會造成了負擔和官僚作風，並對實際社區妄加刻意的行政邊界[6]。」因此，GO 網絡的功能逐漸被關閉，除了少數可能轉移到其他地方，大部分的功能已轉移到社區暨地方政府部（Department of Community and Local Government, DCLG）。

　　另一個案大倫敦都會制度，其重要性在於它對區域治理模式所帶來的反省。如前述，「大倫敦市管理局」主要是由一個大倫敦市政府部門，加上四大功能性單位構成。這些機構雖屬於獨立運作的執行單位，不過，民選的市長及其幕僚小組仍然掌握政策規劃之權，並且這些機構雖不是市府下屬單位，預算也是獨立的，但其中多數人員仍由市長所任命（警政、消防人事只有部分任命權），因此，在策略規劃和政策統合上，仍受市長及其行政團隊的指揮，也須受議會監督，較不會出現各自爲政的狀況（趙容瑢，2016：123）。

　　但從權責關係上看，倫敦市長（Mayor of London）、倫敦議會（London Assembly），以及 GLA 行政官僚所之間存在許多微妙關係。爲了防止市長過度擴權，在制度設計上，議會對 GLA 行政官員及四大功能機構部分人員，也有任命權，這也是議會對市長的監督機制之一。然而，議會的任命權，並不能保證這些官員對其忠誠，因爲這些高級官員與市長

政府機關都集中在這條大道上；在此意指英國中央政府。
[6]　參閱英國國會圖書館文件 SN/EP/2126（HL Deb 8 Nov 2010 c24WA）。

接觸合作密切，反而常在政策上傾向與市長同調。事實上議會對市長的監督力量有限，法律上賦予議會的權力與市長並不均衡，這在其對市府的預算監督上也是如此，議會必須在 25 席議員的三分之二以上多數，才能擁有對市府預算案的否決權。而且矛盾的是，市長居然能夠決定議會的預算（趙容瑄，2016：124）。上述 GLA 與倫敦議會之間權責與監督上之矛盾，造成 GLA 運作與制度當初規劃的理想有一些出入，由於控制和監督機制都偏向複雜，也與傳統制度不同，民眾不易了解。其他的問題還包括：公眾參與機制過於形式化、地方政府的授權不足等。尤其在預算支出上，GLA 也都必須配合中央的政策與支出計畫，顯示中央對地方的權力下放和治理信心仍然不夠。

在地方自主的聲浪和倫敦市長的爭取下，聯合政府於 2015 年 3 月宣布將額外權力移交給市長。其中包括設立倫敦土地委員會（London Land Commission），以處理 GLA 和中央政府之間聯合開發公共土地提供住房的問題；聯合管理技職資助機構資金，以及下放其他額外的策略規劃權力，包括對倫敦各碼頭發展的權力。此外，政府亦就移交更多運輸鐵路專營權給倫敦等事宜進行討論。

從「新地方主義」的觀點來看，英國的地方及區域政策強調在中央和地方相結合的基礎上發展各種新的地方治理機制，理想中是一種「既執行國家標準，又鼓勵地方創新；既加強政府行政領導，又提高公眾參與，將中央指導與地方自治相結合，實現兩者間的平衡」之型態（孫宏偉、譚融，2017）。英國地方自治改革的爭論還會繼續，尤其在英國正式「脫歐」之後，預期會有一些新的轉變。中央和地方關係的調整，以及新型地方治理模式的建構，在英國將是一個長期存在與隨時演變的議題。

第四節　本章結論

英國區域治理機制從 1980 年代保守黨政府的啟動，到 1990 年代末期新工黨政府的推進，一直到目前的發展，呈現出多元化、多層次的趨勢

（李長晏，2012b：146-147）。這個發展，正如 Sandford（2005: 231）的觀察，其實不是一個預先規劃且期待的結果。1980 年代以來，全球民主再深化、政府施政效能的追求，以及全球化對經濟與行政的實質衝擊，是影響英國地方治理發展的三大外在因素；連帶產生之中央與地方關係緊張、政策執行及政治社會的變化，導致英國區域治理發生根本上的變革。從中央與地方關係（如：GOs 的功能設計）、地方與地方合作（如：MAA 的模式），到功能領域的夥伴關係（如：GLA 的機構安排），英國區域治理仍可見中央與地方權限的角力之爭；權力下放不代表中央權力被削弱，內閣部會仍以其影響力加強對決策和資源的控制。

　　布萊爾政府 1997 年執政伊始，為落實新工黨理念而採取多項政府革新具體辦法，主張以夥伴協力的方式，促使公部門、私部門、非營利組織三者之間相互合作，並以「整合式政府」方式來為大眾提供更好的公共服務。自此，英國積極推動的各項地方及區域治理作為，包括跨地區協議、政府區域辦公室、大倫敦市管理局等，這些措施、機制或平臺，讓原本就具有堅實的地方自治基礎的英國，在推動改革地方區域合作機制上能夠獲得相當成效，尤其在建構策略性協調、公民參與、監督課責為基礎的制度變革上不遺餘力。然而，從路徑與本質上分析，顯示無論是中央主導，或僅強調地方自治，恐怕已經不能因應當前複雜的環境因素與權力關係，當前地方治理機制已經朝向多重政體、整合功能及跨部門夥伴關係的模式發展。雖然有些制度因為時空背景改變（如：歐洲化或脫離歐盟），或者因為政權輪替或轉型的需求而沒有繼續運作，但其內涵與精神仍將延續下去。衡諸目前情勢，英國政府仍舊會繼續下放其策略規劃與執行權力給社區、地方、區域與公民團體。

　　下章將針對歐盟整合過程在英國地方及區域所造成的影響加以分析，也嘗試探討英國「脫歐」對其地方及區域治理造成的衝擊及因應方案。

第七章　英國「脫歐」後的地方及區域治理

2016 年 6 月，「英國脫歐公投」（Brexit vote）通過，並於 2017 年 3 月啟動脫歐相關程序，預計在兩年內完成脫離歐洲聯盟。在此期間，英國面臨了一連串政治和經濟動盪，其中北愛爾蘭與愛爾蘭邊境問題，更是脫歐談判過程的一大障礙。其發展不但影響英國政經發展甚鉅，也將衝擊多年來歐盟致力推動之區域政策與歐洲整合的成效。本章以文獻分析及個案研究方法，檢視「愛爾蘭／英國（北愛爾蘭）邊界區域」跨境合作所面臨的制度調整與解決方案。同時對歐盟二十餘年來所致力建構的區域治理機制重新加以評估。研究問題包括：一、歐盟的區域政策與區域治理的制度設計；二、愛爾蘭／英國（北愛爾蘭）邊界的跨域合作之發展與成效；三、英國脫歐後，愛爾蘭／英國（北愛爾蘭）跨域治理的現狀、議題，以及談判過程與解決方案；以及四、對「新區域主義」及「新功能主義」為主流之跨域治理理論與實務的再訪與檢討。研究發現英國退出歐盟將導致政治、經濟及區域合作上的具體變化，尤其在邊境地區感覺更為強烈。英國應尋求一種關稅同盟模式（如：「挪威＋」方案），再延續過去相對寬鬆的入出境管制傳統，較能符合雙方邊境區域民眾的利益與需求，並且將衝擊降到最低。

第一節　研究背景與問題

「歐洲化」因素一直是英國政治、經濟與政策中的重要因子。英國自 1973 年 1 月 1 日加入歐洲共同體（歐洲聯盟的前身），1975 年全民公投確認英國成為歐共體會員國。其加入歐盟的主要誘因為經濟利益，即著眼於「共同市場」（Common Market）所帶來的正面效益。然而，英國國

內始終存在強烈的「歐洲懷疑主義」（Euroscepticism）的聲音，反對英國再轉移更多權力至歐盟，甚至有政黨（如：英國獨立黨，UKIP）明確主張退出歐盟。1980 年代，脫歐提議主要是由工黨和工會人員所主張。從 1990 年代起，脫歐聲浪日漸強烈，脫歐支持者已橫跨了廣泛的政治光譜，包括：英國脫歐黨、英國獨立黨、多數的保守黨與少數工黨的支持者（Vasilopoulou, 2016）。2010 年以後，歐盟危機屢起，先後發生主權債務[1]、歐元危機，繼之難民問題和恐攻危機接踵而至，大大減損了英國人對歐盟的支持，也激起了內部疑歐勢力的高漲；加上英國獨立黨嚴重威脅了保守黨許多選區，卡麥隆遂在 2013 年公開宣布，倘在 2015 大選能獲勝繼續執政，將在 2017 年底前舉行是否脫離歐洲的公投。卡麥隆的策略最後成功帶領了保守黨贏得大選，勢必要按原先承諾舉行脫歐公投（蘇宏達，2016）。

　　然而，英國於 2016 年 6 月 23 日舉行「英國去留歐盟公投」（The United Kingdom European Union membership referendum），針對其歐盟成員資格的去留問題訴諸公民投票，簡稱「英國脫歐公投」，或「歐盟公投」（EU referendum）。公投結果為 51.9% 選民支持英國脫離歐盟。英國下議院依程序在 2017 年 3 月投票通過啟動《里斯本條約》（*Treaty of Lisbon*）第 50 條[2]。隨著《退出歐盟法案》（*European Union Withdrawal Act 2018*）在 2018 年 6 月的簽署並生效，英國訂於 2019 年 3 月 29 日 23 時正式退出歐盟。在長達一年的紛擾後，歐盟峰會有條件同意英國脫歐期限延至 2019 年 10 月 31 日。後續發展及影響，仍須觀察。

---

[1]　主權債務是指一國以自己的主權為擔保向外借來的債務，不管對象是國際貨幣基金組織、世界銀行，還是向其他國家。主權債務和一般的公司債務是一樣的，只不過是一般的公司借債的時候是以自己的資產作為抵押進行借債。參閱：MBA 智庫百科（https://wiki.mbalib.com/zh-tw/%E4%B8%BB%E6%9D%83%E5%80%BA%E5%8A%A1）

[2]　歐盟《里斯本條約》第 50 條規定，任何決定脫離歐盟的成員國必須通知歐洲理事會（European Council），並商討脫歐具體細節；各方要在兩年時間內達成協議——除非所有成員國均同意延期——而即將脫歐的國家將不能參與討論其脫歐的歐盟內部討論。該條款規定，任何協議必須由所謂的「條件多數決」（qualified majority vote），即：其餘 27 個歐盟成員國中的 72%（代表 65% 的歐盟人口）贊成通過，同時必須得到歐洲議會（MEP）支持。參閱 BBC (2016), "Brexit: EU Spells out Procedure for UK to Leave," June 26。

　　作者曾以「愛爾蘭／北愛爾蘭的跨境合作」案例，觀察歐盟治理體系在區域及地方層級的運作與成效。研究發現由歐盟「區域委員會」所主導的跨域治理，扮演了歐洲整合與歐盟創新治理的重要中介角色，也是形塑歐洲公民社會的重要基礎（黃榮源，2011；2013）。此研究個案的選取，具有兩項意義：第一，該「歐洲區域」包含英國北愛爾蘭地區（後或稱「北愛」）與愛爾蘭共和國（後或稱「共和國」）部分郡區（counties），自1925年愛爾蘭脫離英國獨立之後，因為衝突使該地區發展停滯數十年。基於歷史、語文和地理上的優勢，跨區合作在政治因素稍卻後突飛猛進，相當值得研究；第二，愛爾蘭從1960年代中期以後，拜全球化之賜，經濟、社會各方面突飛猛進，時稱歐盟各國楷模，研究者對其發展策略之興趣大增，對該地區之研究，亦具有實務上的助益。

　　隨著「脫歐」的進程推展，英國面臨了一連串政治和經濟動盪，其中北愛爾蘭與愛爾蘭邊境問題，更是脫歐談判過程的一大障礙。「脫歐」議題之發展，不但影響多年來歐盟致力推動之區域政策與歐洲整合的成效，也勢必衝擊英國地方及區域的政經發展。從學術或實務上分析，英國退出歐盟的政治、經濟效應，引起廣泛討論，本章則聚焦於此變局對英國區域治理及區域合作上的具體變化，尤其是位於歐盟與英國邊境地區的愛爾蘭地方政府或區域。關切重點為：傳統地緣政治或族群紛擾是否對雙方地方及區域治理造成負面影響為何？在政治、經濟、社會去疆界化多年後，還有可能再回到過去「硬邊界」（hard border）的時代嗎？本章將延續過去研究的基礎，檢視英國在通過「脫歐」公投，並啟動相關脫歐程序後，「愛爾蘭／英國（北愛爾蘭）邊界區域」跨境合作所面臨的挑戰、制度調整與解決方案。

　　研究首先透過文獻分析方法，針對個案相關的學理、制度、實務和影響加以研究。研究問題著重在：一、歐盟的區域政策與區域治理的制度設計；二、愛爾蘭／英國（北愛爾蘭）邊界的跨域合作之發展與成效；以及三、英國脫歐後，愛爾蘭／英國跨域治理的現狀、議題，以及談判過程與解決方案。綜言之，本章欲探索的內涵包括：全球政治經發展對各國地方及區域治理制度的調整及運作造成哪些的影響？以愛爾蘭／英國（北愛爾

蘭）區域治理個案而言，跨域合作及治理之最佳實務之可能性？困難有哪些？相關制度調整或可行方案爲何？

　　本章研究架構是從「新功能主義」及「新區域主義」的精神，即：合作、跨域、整合、授能、權力下放等概念，探討歐盟的區域政策的在整合過程中的發展及演進，尤其對「歐洲區域」、「跨邊境合作」等機制加以評介；另一方面，也對愛爾蘭／英國邊界的跨域合作之背景、機制發展加以探討，並觀察雙方在政治、民族的角力下，如何藉由歐盟區域整合機制，達到 1990 年代後期以來的合作。然而，主要焦點仍是在整理英國脫歐後，愛爾蘭／英國跨域治理的現狀及其所衍生的諸多議題，以及兩國政府，尤其是地方層次政府與民間對脫歐後的談判過程、制度調整與相關解決方案。

第二節　歐盟治理架構中的跨域合作

　　跨域治理概念是當前公共治理重要的元素，意指政府間爲了解決公共問題之折衝、協調與合作；目前，跨域治理廣泛地納入更多元的參與者，用以充分利用不同地方或區域之間，以及公、私部門之間的資源和能力，整合成更好的公共服務（Morse, 2010: 434-436）。其內涵包含「問題解決」、「政府間互動」和「網絡關係」三個要項（Wright, 1983: 431）。綜言之，在當代治理概念中，各級政府與不同組織之間的互動範圍和規模已經大增，不同於過去政府只關注權力與責任之間的靜態關係，現在也重視利害關係人或團體的互動與協力關係（Witesman, 2010: 362-363）。從這個角度觀之，當前中央與地方政府的職能規劃與互動上，須從更宏觀與彈性的角度來考慮，包括政府與公民社會的互動關係，中央與地方政府之間的活動分析，甚至政府與他國政府或非政府組織之間的合作治理，都是治理關係要關注的面向。

　　長久以來，功能主義研究者認爲在特定之功能性治理機制下，府際間或部門間可以透過協同合作達到效率、整合，以及人力與資源的充

分利用，甚至推展相關合作經驗到政治層面上，形成功能的「擴溢」效果（spillover effect）（Huang and Chang, 2018）。在「問題解決模式」（problem-solving mode）下，歐盟制度建構的目標是要設計或找出一個讓所有成員認為加入運作要比獨力奮鬥要好的制度（Olsen, 2002: 9）。

　　當然，這些過程是漸進的。1970 年代歐洲整合的早期，所謂「歐洲區域政策」幾乎是散亂沒有整合的。當時的政策工具僅有「歐洲農業保證與指導基金」（European Agricultural Guidance and Guarantee Fund, EAGGF）、「歐洲社會基金」（European Social Fund, ESF）等財政上的補助，成效有限。到了 1980 年代中期，也就是歐洲單一市場化以後，歐盟因素對各國內政的影響日趨明顯。至今，歐盟各會員國的決策過程和結果，或多或少都已經涵蓋在歐盟決策的範疇之中。三十餘年來的許多轉化，讓歐洲大陸從許多「政府」的統治，轉化朝向一個多層次「治理」的局面。歐盟在 1990 年代後，已形成一個包含超國家、國家、區域和地方等不同層次政府之自主性治理網絡；地方或區域層次的次國家組織，在整個歐盟跨域合作關係網絡中，也扮演關鍵的樞紐角色（如圖 7-1）。愛爾蘭／北愛爾蘭的跨境合作案例，顯示此種「區域」層次的治理機制拉近了英、愛兩國在政治與經濟利益上的距離，也改善了國家各自獨立無法有效整合跨行政資源的弊病，甚至有利於處理策略性政策的規劃（黃榮源，2013）。

　　跨境合作在歐洲已有很久的傳統，但這類的協力（collaboration）行動基本上需要有共同的歷史利益，和邁向共同未來歐洲的想法。為了要達成這些挑戰，通常跨境合作被賦予三個期待：第一，必須克服彼此間因歷史造成的敵意和偏見；第二，強化民主，消除邊陲化與疏離感；第三，促進經濟發展、改善生活條件，早日完成歐洲統合。歐洲理事會（The Council of Europe）是歐盟最高的權力機關，在制訂歐盟區域政策和推動會員國間跨邊境合作上，絕對扮演了重要的角色。一種由下而上（bottom up）的治理形式，加上「歐洲區域」的運作，成為歐洲整合進程的重要根基。以下將針對歐洲跨域整合過程中的要角及主要工具——「歐洲區域」（Euregion 或 EUREGIO）、「結構基金」（Structural Fund）和「聚合基

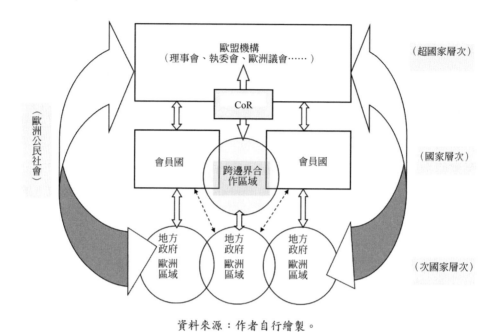

資料來源：作者自行繪製。

圖 7-1　歐盟治理架構中的跨邊界合作

金」（Cohesion Fund）的功能分別加以說明：

（一）「歐洲區域」的角色

　　「區域」（Regions）概念是促進歐盟跨區域發展的重要機制，雖然過程包含了各種不同形式的跨邊境合作，但「歐洲區域」無疑是最具效能的形式之一（Tsuji, 2002）。如圖 7-1 所示，目前歐盟各「歐洲區域」和地方政府等次級國家行為者具有相當的自主性，在多層治理的架構中，雖仍保持和該國中央政府間之傳統關係，但漸漸有許多機會可以繞過國家層次，直接和超國家層次的歐盟各機構保持密切的互動關係，發展出一種跨越國家的治理型態。

（二）「結構基金」和「聚合基金」的功能

　　歐洲聯盟所涵蓋的地區，並非在歐盟內部的各個地區發展都很平均，因此如何平衡各區域的發展差異，俾使歐盟境內各個區域都能發揮其最大效益，以增進歐盟整體的發展和福址，就成了重要課題。為此，歐盟設有區域政策的條款，早在歐盟前身的歐洲共同體時代，就設立基金來分配款項，目的在分配預算，以縮小各區域在收入、財富、機會的差距，並協助區域的發展。這些基金實際上是為執行歐洲聯盟的區域政策而設置的金融工具。目前，歐洲「結構基金」和「聚合基金」成為歐洲聯盟預算的最大方案之一。

　　綜言之，區域政策和基金的設立在於平衡區域發展的不平均，希望能夠達到的主要目標為：1. 幫助每個區域發揮其應有之潛能；2. 藉由區域層級的投資，發展區域的潛能，得以促進區域的競爭力和就業率，形成歐盟整體價值的成長；3. 促使 2004 年後才加入歐盟的中、東歐會員國，儘快地將生活水準拉到歐盟的平均值。

　　再將重點聚焦於英國地方及區域治理的研究上，目前相關英文著作頗豐，分析其內容，不外乎從歷史演進、制度變革、經濟環境變遷，或由各區域特色發展之觀點切入，均具有參考價值（Hogwood, 1978; Mawson, 2007; Pimlott, Donnelly and McQuail, 1996; Sandford, 2005; Wilson and Game, 2011; McCann, 2016）。從文獻上分析，無論是從歷史或法制上著眼，都是觀察英國區域治理議題的重要基礎，然而。針對英國脫歐後，其與歐盟之間的跨境合作所面臨的困境及制度調整，或者是此發展對歐洲區域及地方治理機制之影響，尚未有太多文獻加以探討，尤其是其中政治干擾因素對跨區域合作的影響部分，更值得深思與關注。

第三節　愛爾蘭／英國（北愛爾蘭）邊界區域的合作個案

　　從背景上看，該區包含英國北愛爾蘭地區（後或稱「北愛」）與愛爾蘭共和國（後或稱「共和國」）部分郡區，自 1925 年愛爾蘭脫離英國獨立之後，數十年來因為政治衝突使該地區發展滯後，基於歷史、語文和地理上的優勢，跨區合作在政治因素趨緩後有了新的發展，相當值得研究。尤其是愛爾蘭從 1990 年代中期以後，拜全球化之賜，經建、社會各方面突飛猛進，時稱歐盟各國楷模，更值得研究其發展路徑及策略。

（一）愛爾蘭／英國邊界區域簡介（圖 7-2）

　　該「歐洲區域」包含三大區域組織網絡：「愛爾蘭中部邊界地區網絡」（The Irish Central Border Area Network, ICBAN）、「東部邊界區域委員會」（East Border Region Committee, EBRC），和「西北區域跨境團體」（The North West Region Cross Border Group, NWRCBG）。三者都在「區域間合作計畫」（INTEREGG）[3]中扮演重要的角色，是觀察愛爾蘭和北愛地方跨境合作的基本單位。上述三個跨邊境合作夥伴聯盟計畫建立一個賦有其獨特民主形式、經濟和社會特色的「邊

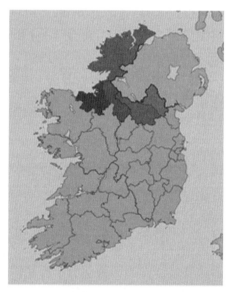

圖 7-2　愛爾蘭／英國（北愛爾蘭）邊界區域

3　是促進歐洲聯盟各區域之間合作的一系列方案，由「歐洲區域發展基金」提供資金。透過補助款加強經濟和社會的凝聚力，目的在均衡歐盟領土內的發展。第一期方案始於 1989 年。目前為 INTERREG V（2014-2020），涵蓋所有 28 個歐盟成員國，以及其他 27 個周邊國家。

境走廊」（border corridor），透過「由下而上」的跨境合作方式，爭取更多的歐盟社區計畫基金的支助。愛爾蘭／英國邊界區域中三大區域組織網絡在 1970 年代成立，至 1990 年代中期已經成為兩國西北地區區域發展及經濟、社會和文化利益的主要推動者。

（二）跨境合作過程的層次與分析

愛爾蘭和北愛爾蘭的跨境合作，仍受英國和愛爾蘭雙邊政治主導，屬一種「政府間」的互動模式，而非受「超國家」原則的影響。多層治理模式是否能夠發展出一套由下而上的跨境合作模式，仍有待觀察。以下就歐盟、國家、地方政府和社會交流四個層次，分析愛爾蘭共和國與北愛爾蘭的邊境區域跨境合作的過程和成果，並據以探討多層治理模式在英國及歐盟跨境合作中的角色：（黃榮源，2011）

1. 在歐盟層次上，歐盟所提供的財政誘因成為該地區的跨境合作的動力，因為歐盟提供大量的經費鼓勵兩者跨邊境的合作，成為雙方和平的基石；為了符合歐盟執委會對區域基金補助的條件要求，愛爾蘭邊境的六個郡組成一個新的單位——「第一目標」區域（Objective One region）[4]，以獲得歐盟最大額度的經費補助（Tannam, 2006: 260-61）。但後來「和平方案」（PEACE）計畫[5]的執行機構主要是英、愛兩國所簽訂的「受難日協議」（Good Friday

---

[4] Objective 1 是歐盟針對區內發展最差之區域所設計的計畫。以歐洲區域援助來幫助這些區域克服其經濟和社會的困境，幫助他們趕上歐盟較富有地區的水平。該計畫的衡量標準必須是該地區人均 GDP 低於歐盟標準的 75% 以下。通常是運用結構基金來增加該地區就業率，促進經濟活動，以提升其 GDP 的平均水準。

[5] 為歐洲聯盟獨特倡議的一項和平方案，旨在支持和平與和解。該方案最初是在 1995 年建立的，是歐盟希望對 1994 年的北愛爾蘭準軍事停火做出積極反應。雖然自此和平得了重大進展，但仍有必要改善跨社區關係，並進一步整合分裂的社區。該計畫目前已進入到 PEACE 第四期，期程為 2014-2020 年。

Agreement, GFA）[6] 後所共同成立的行政機關——「特別歐盟計畫機構」（The Special EU Programmes Body, SEUPB），來協調聯繫監督委員會和歐盟執委會對PEACE的運作[7]。整體而言，愛爾蘭的「第一目標」地位的變化、歐盟補助經費的增加、新的行政管理機構的建立，都對該地區跨境合作產生實質的影響，但目前雙方在邊境越來越密切的行政合作和協調程序，並不代表雙邊政治合作從此沒有矛盾，尤其是在文官體系和部門之間的利益衝突上面。

2. 在會員國政府層次上，當前歐盟的區域政策之執行策略，基本上是以財政補助為誘因，鼓勵區域整合與跨境合作，經由制度設計，引導政治和行政上的合作，並引進次國家單位和公民社會團體進入多層次的決策體系。但實際運作上，仍有許多困難與障礙。雖然在行政上，「北南部長委員會」（North/South Ministerial Council, NSMC）[8]和「聯合祕書處」（Joint Secretariat）的建立，是雙方文官合作的明顯表現，行政部門之執行機構的合作亦相當密切，但是日增與持續的文官合作和協調，也同時帶來雙方行政部門在利益上的衝突。Laffan 和 Payne（2001）認為「特別歐盟計畫機構」的設立將不可避免地衝擊既定的決策流程和規範，雙方文官部門的風格不一，也形成對合作計畫的不同態度。雖然有嚴密的上層支援網絡來解決利益的衝突，但可惜的是相關中央部會大約每年才開會一次，效果打了很大折扣。其他像政黨的政治態度也會成為跨境政治合作的障礙。因此，儘管經濟因素日趨重要，

---

6 「受難日協議」（Good Friday Agreement）是北愛爾蘭和平進程的一項重大發展。1998 年 4 月 10 日，天主教包括社民工黨（SDLP）、新芬黨（Sinn Fein）和新教的厄斯特聯合黨（UUP）以及其他黨派在北愛首府貝爾法斯特簽署協議。很湊巧地，簽署當天正是耶穌受難日，所以這項歷史性的和平協議又稱「受難日協議」。當年的諾貝爾和平獎也頒給了北愛和談的兩位功臣——社民工黨 John Hume 與厄斯特聯合黨黨魁 David Trimble，表彰他們達成了一項「不可能的任務」。北愛當時和諧氣氛似乎在昭告世界：北愛問題將成過去，北愛面向的未來，將會是和平，而所有的家園最終將能免於恐懼。1998 年 5 月 23 日，北愛爾蘭舉行公民投票，同日，愛爾蘭共和國也投票修改其憲法。該協議在 1999 年 12 月 2 日正式生效。

7 Special EU Programmes Body (SEUPB) (2003), *Building on Peace: Supporting Peace and Reconciliation after 2006*. Monaghan: ADM/CPA, pp. 132-134.

8 為北愛爾蘭政府以及愛爾蘭政府之間固定協商機制，位於 Amongst。

高層政府機構也相繼投入，但在愛爾蘭／北愛邊境合作事務上，只能稱之爲一種「一般性的協調」（moderate co-ordination）而已（Tannam, 2006: 265）。

3. 在地方政府層次上，各邊界地區網絡的成員包含了 10 個分屬各政黨主導的地方政府，此合作聯盟參與了計畫遍及交通、貿易，以及資訊網絡等方面。這些團體熱衷於向歐盟與中央政府遊說它們的需求，這些團體也同時和社會團體及郡縣發展委員會代表形成夥伴關係。[9]所以，計畫補助分別配置給相關的非營利組織、地方政府單位，以及地方商業團體。除此之外，許多座談會和研討會的召開，廣邀各界利害關係人代表參與；地方諮商委員會協助拉近跨邊境計畫在實務上的認知差距，並找到各領域最佳的實務範例（best practice）。根據對實務界人士的訪談，結果認爲「愛爾蘭中部邊界地區網絡」、「東部邊界區域委員會」和「西北區域跨境團體」三個聯盟中的地方跨區域的政治合作越來越多，而且不太受到北愛爾蘭部分政黨領袖政治態度的阻礙[10]。但地方的跨境合作仍會出現障礙，例如：中央政府以及部會的文官們對於地方政府的自主權仍有所保留，以及各黨派間對邊境的認知衝突等。

4. 在社會交流層次上，可從雙方邊境商務合作和社會交流的成果加以觀察。首先，在 1998 年英愛「受難日協定」簽訂後，南北愛爾蘭分別以資訊提供、舉辦研討會，以及市場促銷等方式，希望增加到愛爾蘭和北愛的觀光人數。但由於聯合促銷活動不足，很少旅客同時造訪愛爾蘭和北愛爾蘭，而且大部分是選擇到愛爾蘭作短期停留者居多[11]。至於是否成功達到增加觀光人數的目標，成效則不明顯。根據調查，觀光客人數在近年來僅有邊際的變化。

9　詳見 ICBAN 官方網站（http://www.icban.com/）。
10　Etain Tannam 檢視北愛爾蘭最大兩個政黨——民主聯盟黨（Democratic Unionist Party, DUP）和新芬黨（Shin Fein）的選舉政見後發現：跨境政治合作議題的趨勢是越來越朝向議題連結方向發展，雖然 DUP 對愛爾蘭統一的立場強於 Shin Fein 黨，但基本上兩黨都「不反對」在「北南部長委員會」（NSMC）架構中進行跨境合作（Tannam, 2006: 267-268）。
11　Tourism Ireland, *Marketing Strategy (2004), 2004-2006, Operating Plans*, Dublin: Tourism Ireland.

但依據官方的說法，整體數字上的增加，代表觀光業的餅是變大的，雙方在觀光事業上的合作相對上是成功的（Tannam, 2006: 270），至少雙方溝通管道和增進互相了解的功能已經發揮。而在雙方貿易成果上，就較不如預期。根據研究顯示，不只在進口上的比例未見增加，甚至還有些微下滑的跡象（黃榮源，2011）。

從上述個案分析，觀察出兩個結果：第一，愛爾蘭／北愛爾蘭跨邊境合作已導致高層行政合作出現。這基本上達成當初歐盟所設立的目標——「建立機制」，但因為其政治性過高，恐非經濟需求的自然整合，和執委會的期待實有落差。第二，該地區之商業、旅遊層面的成效並不如預期，相關跨境合作計畫實施多年後，結果和數字上和過去沒有太大差別。這些都可能讓跨境合作的成果受到質疑。黃榮源（2013）的研究發現：跨境合作經費的運用和管理充分展現多層治理的原則；雙方跨境合作過程中，不同的團體或行為者因不同的誘因而改變行為，有些是地方的，有些是中央的，有些則是超國家的因素使然。因政治或環境上的複雜，一種結合地方、中央和歐盟因素的混合式誘因系統，是跨境合作的基本需求，但這種多角策略（multi-pronged strategy）不可能會自發地出現，所以就愛爾蘭／英國個案而言，較好的策略應該是一種「跨政府」而非「多層次」的決策程序。

第四節　英國脫歐議題的發展與影響

英國於 2016 年 6 月 23 日舉行「英國脫歐公投」，預計於 2019 年 3 月 29 日 23 時正式退出歐盟。在這期間，英國面臨了國內政治和經濟動盪，甚至歐盟及其他會員國也受到一定程度的影響。茲將過程中的重要時程、事件及其意義整理如表 7-1。

2016 年 6 月，英國通過脫歐公投。同年 10 月 2 日，首相梅伊宣布，將於 2017 年 3 月底前啟動脫歐程序，預料談判需時兩年，估計 2019 年

表 7-1　英國脫歐相關大事紀

日期	事件	備註
2016-02-18	歐盟理事會同意歐盟改革方案，唐寧街宣布舉行公投	
2016-06-23	英國脫歐公投	投票率 72.2%，51.9% 選民支持脫歐
2016-06-24	卡麥隆辭職	
2016-07-13	梅伊就任	
2017-01-17	梅伊發表脫歐演說	
2017-02-01	國會通過授權梅伊展開脫歐程序	498 票贊成，114 票反對
2017-02-02	英國公布脫歐白皮書一版	
2017-02-24	最高法院裁決下議院必須投票以啟動《里斯本條約》第 50 條	
2017-03-13	下議院投票通過啟動《里斯本條約》第 50 條	
2017-03-29	英國啟動《里斯本條約》第 50 條	
2017-02-30	公布「大廢除法案」（Great Repeal Bill），也稱「退出歐盟法案」（EU Withdrawal Act）	確保英國脫歐後，歐洲法律將不再適用。國會將決定哪些法律該修改或推翻
2017-04-18	梅伊宣布提前大選	
2017-06-08	英國大選形成懸浮國會	
2017-06-19	正式啟動脫歐第一階段談判	
2017-06-26	梅伊組閣成功	
2017-09-22	穆迪調降英國長期債信評至 Aa2	
2017-11-29	分手費達成共識	
2017-12-08	英國與歐盟達成第一階段脫歐協議	就分手費、愛爾蘭邊界 [12] 和歐盟國家公民權等問題達成協議
2017-12-15	同意啟動脫歐第二階段談判	

---

[12] 英國脫歐後，北愛爾蘭與愛爾蘭兩個地區將處於不同的海關和邊境檢查。因此，亟需尋求一個臨時性的單一關稅領域，與有效地保持整個英國在歐盟關稅同盟之中，直到歐盟和英國都同意不再需要它為止。

表 7-1　英國脫歐相關大事紀（續）

日期	事件	備註
2018-03-19	過渡期達成共識	
2018-06-20	國會正式批准退出歐盟法案	
2018-07-06	梅伊與內閣達成脫歐共識「契克斯（Chequers）協議」	包括將與歐盟保持密切關係、成立英歐自貿區和共同規範
2018-07-09	脫歐大臣、副大臣、英國外相辭職	
2018-07-12	英國公布脫歐白皮書二版	訂出脫歐後與歐盟未來經濟和安全關係的計畫細節
2018-09-19	歐盟理事會非官方會議否決「契克斯方案」	
2018-09-23	工黨黨大會支持二次公投	
2018-11-14	英國內閣達成脫歐協議草案 [13]	
2018-11-15	脫歐大臣離職	
2018-11-22	英國與歐盟達成未來關係宣言草案	
2018-11-25	歐盟通過英國脫歐協議草案	
2018-12-10	宣布英國可單邊撤回脫歐決定	
2018-12-11	梅伊延後國會投票時間	
2018-12-13	國會對梅伊不信任投票	200 票支持，117 票反對。梅伊保住首相地位
2019-03-13	國會否決在 3 月 29 日無協議脫歐	
2019-03-14	國會表決通過要求歐盟推遲脫歐時間	首相梅伊正式向歐盟申請將脫歐期限延後至 6 月 30 日
2019-03-22	歐盟聲明：英脫歐期限有條件延至 5 月 22 日	脫歐期限無條件延遲至 4 月 12 日。若英國國會通過脫歐協議，歐盟同意英國脫歐期限延至 5 月 22 日

---

[13] 根據協議，2019 年 3 月正式脫歐後，英歐之間到 2020 年底前仍會維持一段過渡期。期間英國不再擁有歐盟事務的投票權與影響力，但其他部分仍暫時維持不變，英國仍繼續參與歐盟關稅同盟與單一市場。英國另同意支付約 390 億英鎊（約新臺幣 1.56 兆）脫歐分手費，分多年攤還，以及愛爾蘭邊界「保障機制」（backstop）。

表 7-1 英國脫歐相關大事紀（續）

日期	事件	備註
2019-03-23	近百萬反對脫歐人士在倫敦示威遊行，訴求英國政府重新舉行脫歐公投。	
2019-03-27	英國下議院否決了所有（8 項）脫歐替代方案	英國更進一步走向「無協議脫歐」
2019-04-03	梅伊與工黨領袖柯賓舉行會談，商討如何突破英國脫離歐洲聯盟的僵局	討論到工黨主張在脫歐後與歐盟建立關稅同盟，以及舉行第二次脫歐公投的選項
2019-04-03	下議院再度表決，以 313 票同意、312 票反對，「一票之差」通過「反對無協議脫歐」	梅伊可能再向歐盟尋求延後脫歐的可能性
2019-04-05	梅伊發函給歐洲理事會主席圖斯克，請求歐盟將脫歐期限自 4 月 12 日延後至 6 月 30 日	
2019-04-10	歐盟同意將英國脫歐的期限延長至 2019 年 10 月 31 日	此彈性延長期間，英國可以做出任何決定
2019-07-25	「脫歐派」強森接替梅伊，擔任英國新首相，為英國脫歐進程投下巨大變數	表示：現有協議無法被接受，硬脫歐成為首要事項

資料來源：作者自行整理。

英國便會正式脫離歐盟。2017 年 3 月底，英國引用《里斯本條約》第 50 條啟動退出歐盟機制，正式與歐盟各國展開談判，預計在 2019 年，英國便可以正式脫歐。梅伊先前透露，計畫在 2017 年 2 月底提交法案，廢除 1972 年《歐洲共同體法案》，意謂歐盟法律不再凌駕於英國法律之上，歐洲法庭的判決在英國也不再適用。根據《退出歐盟法案》，如果英國在 2019 年 3 月 29 日退出歐盟後 [14]，英國北愛爾蘭地區與歐盟成員國愛爾蘭共和國兩個地區將處於不同的海關和邊境檢查。整體而言，英國脫歐對其國內的影響是全面的，甚至對於區域和全球政經情勢也造成一些震盪。茲列

---

[14] 2019 年 4 月 5 日，英國首相梅伊已經發函給歐洲理事會主席圖斯克，請求歐盟將脫歐期限自 4 月 12 日延後至 6 月 30 日。隨後又同意彈性延期至該年 10 月 31 日。

舉如下 [15]：

　　首先，是出入境問題。英國人原本持歐盟護照進出歐盟，脫歐後，英國將從現行的歐盟護照，回歸經典深藍色的英國護照。根據目前規劃，英國脫歐後到歐盟國家雖然還是免簽，但英國人未來入境歐盟國家，不得再走快速通道的歐盟護照通道，須和其他第三國公民一樣排隊等待入境檢查。

　　第二，英國人停留在歐盟國家的期限。2019 年 3 月 29 日後，英國人到歐盟國家不再不限天數，將限制在 180 天內，單次或多次停留累計天數不得超過 90 天，且必須出示回程機票、邀請函等相關證明。甚至在脫歐後，英國人在歐盟國家開車也須申請國際駕照。種種不方便，導致取得歐盟他國國籍的英國人數大增。

　　第三，物價和房價的波動。英國許多食物和商品仰賴歐洲進口，脫歐公投後英鎊走貶，導致進口貨物成本上升，帶動物價上漲。由於英鎊下挫，為了保障員工的實質所得工資，雇主必須付出更多薪水和條件來吸引員工，成本大為提升。

　　第四，脫歐前景不明，導致投資人對英國房產卻步。英國央行總裁 Mark Carney 日前警告，若是英國無協議脫歐，抵押貸款利率將大幅上升，英國房價三年內可能暴跌 35%。

　　第五，脫歐的不確定性已讓大企業避走歐洲。日本汽車大廠豐田（Toyota）和日產（Nissan）都計畫到其他歐盟國家取得認證，確保英國脫歐後仍可在歐盟地區販售汽車。因為英國脫歐後若面臨歐盟的進口關稅，將導致在英國生產的產品競爭力下降，增加公司成本。豐田和日產出走，將使許多人面臨失業。德國 BMW 也表示，若脫歐後，英國工廠無法快速、可靠地從歐洲進口汽車零組件，可能被迫關閉英國產線。航太巨擘空中巴士公司（Airbus）警告，脫歐後的英國前景對空巴不利，空巴可能撤出英國，現階段則是要求下游廠商提高庫存。

　　總之，脫歐對英國的影響，涵蓋食、衣、住、行、醫療各層面，要如

---

[15] 整理自「中央社」新聞，2018 年 11 月 15 日。

何將影響降至最低，將是英國政府的另一大考驗。由於英國脫歐後，英國北愛爾蘭地區與歐盟成員國愛爾蘭共和國兩個地區將處於不同的海關和邊境檢查。因此，亟需尋求一個臨時性的單一關稅領域，與有效地保持整個英國在歐盟關稅同盟之中，直到歐盟和英國都同意不再需要它為止。脫歐協議的一大爭議，就在於北愛與愛爾蘭之間要不要設立「硬邊界」，一旦設立邊界，將出現邊境檢查、海關等。然而，英國與歐盟都同意不設硬邊界，而是設立「保障機制」（backstop），以建立一道安全網。但部分英國議員不同意這種措施，認為這會導致英國分裂，「一國兩制」，他們希望保障措施有明確的期限。此解套方案是否能通過內閣與國會的考驗，有待觀察。

根據 2018 年 11 月歐盟通過的英國脫歐協議草案，2019 年 3 月正式脫歐後，英歐之間到 2020 年底前仍會維持一段過渡期。期間英國不再擁有歐盟事務的投票權與影響力，但其他部分仍暫時維持不變，英國仍繼續參與歐盟關稅同盟與單一市場。英國和歐盟將在這份政治宣言的基礎上，在 3 月 29 號之後的 21 個月過渡期內再協商貿易問題。在此過渡期間，英國還將繼續享有歐盟單一市場和關稅同盟成員的優惠。草案並強調，歐盟與英國的任何最後協議，不能干涉歐盟的「四大自由」，即歐盟 27 國成員內部的貨物、服務、資本和人員流動自由。

然而，英國脫歐程序十分不順暢。經過兩年多的協商，脫歐協議到 2019 年 3 月底依舊難產，政府的方案兩度遭到國會否決，首相梅伊致函議員們表示，脫歐協議可能不會再次送請國會第三度表決。至於英國還能怎麼「脫」歐？倫敦《金融時報》（Financial Times）指出，不外乎下列四種狀況：

第一種是接受梅伊協議「穩脫」：英、歐協議送請國會四次表決，「贊成」與「反對」的差距越來越小，如能過關，英國就能夠「有秩序脫歐」；

第二種可能是「延脫」：歐盟已經同意將「脫歐」最後期限從 3 月 29 日延到 10 月 31 日。如果屆時梅伊仍不能使英、歐協議獲得通過，又不想「亂脫」，就必須再向歐盟要求延期，且須提出具有說服力的理由。

　　第三種情形是「亂脫」：也就是發生「無秩序脫歐」。英國國會雖多次否決「亂脫」，但對歐盟並無約束力；如果英國不能使歐盟同意再延期，10 月 31 日後便會發生「無秩序脫歐」。歐盟內部的立場漸趨強硬，表示從 2017 年 12 月起就一直在爲這種結果做準備，法國更反對再延。

　　第四種可能是「不脫」：歐洲法庭 2018 年裁定，英國可以自行取消「脫歐」申請，不須得到歐盟其他 27 國的同意。但英國稱此爲「核子彈選項」，將引發另一個政治風暴。

　　在距離法定的脫歐時間一週前，英國脫歐前景仍一片混沌。尤其是被視爲「脫歐派」戰將的強森（Boris Johnson），在 2019 年 7 月 25 日接替梅伊擔任英國新首相，更爲英國脫歐進程投下巨大變數。這個難題無疑將帶給英國全面性的危機，若眞採「硬脫歐」的方式，將立即衝擊在愛爾蘭邊界區域的現狀與發展。特別是該區跨境合作已有很久的傳統，類似的協力行動需要有共同的歷史利益，和互利互賴的發展環境。

第五節　脫歐模式與方案選擇

　　作爲歐盟成員，英國與世界其他地方貿易遵循的是歐盟統一簽訂的協議，總共 22 項跟單一國家的雙邊協議，5 項涉及多個國家的多邊協議。這些協議涵蓋 52 個國家。退出歐盟，就意味著退出這 27 個貿易協議，與 52 個市場的貿易協定需要重新談判。

一、選擇模式參考

　　英國本身是個大市場，自有魅力，單獨談協議也可能更有利。依據其與歐盟關係緊密程度由高至低，依序有下列幾種選擇模式可供參考 [16]：

---

16 *BBC News*, 2018.10.03. (https://www.bbc.com/zhongwen/trad/uk-45707033).

（一）參與歐洲經濟區（European Economic Area, EEA）：挪威模式

該模式仍可取得進入歐洲單一市場之權利，惟須完全遵守歐盟法規，且允許人員自由移動。原則上出口商品至歐盟仍可維持零關稅，提供金融服務亦被許可。在該模式下，仍須繳交預算給歐盟（如挪威每人所繳預算約爲英國每人所繳之 80%–90%），但無法參與許多歐盟對外貿易協定，並喪失對歐盟法規制定及其他決議之表決權。

（二）參與歐洲自由貿易聯盟（European Free Trade Association, EFTA）：瑞士模式

該模式透過與歐盟建立條約進入歐洲單一市場，允許人員自由移動，可免除特定商品關稅及配額限制，惟未開放金融服務業，且須另行協商 FTA。另須遵循歐盟法規並貢獻預算（瑞士接受申根協議、每人所繳預算約爲英國每人所繳之半），且無投票權。

（三）與歐盟建立關稅同盟：土耳其模式

該模式在歐盟境內採共同關稅、同一商業政策，但和其他國家另行簽署關稅協定。雖可免除內部關稅壁壘，惟可能僅涵蓋特定部門，未包括服務，且亦須遵守歐盟產品市場規範。

（四）與歐盟簽訂 FTA：加拿大模式

出口商品至歐盟可維持零關稅，惟可能須遵守共同標準與法規，但仍保有若干獨立性，如可限制人員移動、不須貢獻歐盟預算等。惟不包含所有商品，且若欲於歐盟成員國從事金融服務，須事先獲得許可。

（五）遵循 WTO 規範

該模式可自由制定法規，限制人員移動，且無須貢獻歐盟預算，惟須遵守 WTO 對關稅稅率之規定，與歐盟之貿易條件和其他未與歐盟簽署優

惠貿易協議之國家相同，且須重新與 WTO 之 53 個已與歐盟簽署 FTA 之成員國重新談判，商品與服務貿易障礙將提高，長期可能產生非關稅壁壘，對服務貿易傷害尤深。

（六）新加坡和香港模式

是一種城邦模式，沒有進出口關稅，單邊自由貿易部分脫歐派人士主張英國採用新加坡或香港那種單邊自由貿易政策，取消一切關稅，只倚靠世貿組織框架。但沒有關稅對英國的農業和製造業有巨大的負面影響，工黨和左派陣營對此支持者不會很多。

一般認為，英國可能採用挪威模式、瑞士模式，或土耳其模式，惟實務上歐盟可能僅會提供類似挪威模式或加拿大模式，而加拿大模式未涵蓋所有貿易，未消除非關稅障礙，且幾乎排除全部的金融服務貿易，而且還可能耗費數年協商，對英國較為不利。而在 WTO 的規範下與歐盟進行貿易，大多數經濟學者認為，對英國經濟的傷害將為最大 [17]。

然而，英國下議院在法定脫歐期限前的 2019 年 3 月 27 日進行一項《脫歐協議》方案之「指示性投票」。結果全數遭到否決。如表 7-2 所示，選票上共有 8 個選項，包括上述部分建議方案，或協商過程中的修正提案，即：「無協議脫歐」、「二次公投」、「共同市場 2.0」（「挪威＋」方案）、「留在歐洲經濟區」（挪威方案）、「維持關稅同盟」、「採用工黨的脫歐計畫」、「馬特豪斯 B 計畫」、「撤回《里斯本條約》第 50 條」。

綜觀英國下議院從 2019 年 1 月 15 日首次否決《脫歐協議》之後，直到 2019 年 3 月 27 日晚間的「指示性投票」，這 650 位議員始終無法達成共識，也難協商出具體的目標。投票結果顯示沒有任何一個獲得超過半數的支持。其中最接近「通過」的一個選項，是希望政府與歐盟在《脫歐協議》中，確保英國與歐盟享有永久性關稅同盟，最後也以 264 票贊成、

---

[17] The Economist (2016), "After the Vote, Chaos," June 25; The Economist (2016), "A Tragic Split," June 24; McBride, James (2016), "The Debate over 'Brexit'," Council on Foreign Relations, April 22.

表 7-2　2019/03/27 **下議院「指示性投票」結果一覽**

方案	主旨	結果及說明
1	二次公投	268 票贊成、295 票反對。要求在二次公投之前，英國議會不應當批准或執行任何脫歐協議與方案。
2	維持關稅同盟	264 票贊成、272 票反對。希望英國在確保與歐盟享有永久性關稅同盟的情況下，才離開歐盟。
3	採用工黨脫歐計畫	237 票贊成、307 票反對。支持梅伊已經談成的《脫歐協議》，但要求必須向歐盟尋求關稅同盟安排，與單一市場高度契合。
4	共同市場 2.0（「挪威＋」方案）	188 票贊成、283 票反對。提議英國留在歐洲經濟區（EEA），重新加入歐洲自由貿易聯盟（EFTA），如此就可進入歐盟單一市場。這類似目前挪威與歐盟的關係，但這項方案包含「全面的海關夥伴關係」，所以又會被稱為「挪威＋」模式。
5	撤回《里斯本條約》第 50 條（取消脫歐）	184 票贊成、293 票反對。撤回兩年前的《里斯本條約》第 50 條脫歐程序。
6	無協議脫歐	160 票贊成、400 票反對。4 月 12 日在沒有任何協議的情況下離開歐盟。由保守黨議員巴隆（John Baron）提出。
7	馬特豪斯 B 計畫（暫時維持現狀）	139 票贊成、422 票反對。在脫歐僵局之下，英國應尋求與歐盟達成「停頓性的」協議，在繼續磋商期間，先維持現狀。
8	挪威方案	65 票贊成、377 票反對。提議英國留在歐洲經濟區（EEA），重新加入歐洲自由貿易聯盟（EFTA），如此就可進入歐盟單一市場，這類似目前挪威與歐盟的關係。

資料來源：作者自行整理。

272 票反對，8 票之差遭到否決。英國國會始終不滿意梅伊的談判結果，但也說不清楚自己到底要什麼。如同英國脫歐事務大臣巴克利（Stephen Barclay）所言：不存在簡單的選項，也沒有簡單的脫歐。

二、愛爾蘭邊界地區可能的調整

　　英國脫歐對於愛爾蘭邊境地區（Border Region）來說，尤其是整合程度越高的地區，其影響尤為嚴重。誠如一項調查報告（Hayward, 2017:

51）所提到：「邊界兩側已經是一個社區。在南北愛爾蘭不一定會受到
（脫歐）影響，但在邊境地區，則是每個人都會具體感受到的。對於一個
邊境社區來說，它影響到的是日常生活的各方面。包括你早上起床的時
候，你該走哪條路？這種非常親近、緊密的方式，影響著你所想的一切和
你所做的一切。」同一研究調查整理出脫歐之後的邊境地區將面臨的影響
或改變（Hayward, 2017）：

　　在農業方面：針對那些被拆分在兩個政府轄區的農地，將面臨很大的
難題。歐盟共同農業政策（Common Agricultural Policy, CAP）過去提供愛
爾蘭島上絕大多數農民的重要收入來源，雖然英國政府已經向農民保證，
在 2020 年之前，仍將繼續補貼農民，以取代共同農業政策的支付。但未
來政策的走向，令人關切。

　　在商業與就業方面：邊境居民最常關切的是跨境貿易和商業的潛在問
題，尤其是那些因為「硬邊界」（harder border）導致不得不對自己的生
活和工作地點做出選擇的人。另一個擔憂是受英國脫歐影響所出現的走私
問題。更明顯的經濟邊界意味著對走私活動的更大激勵，這不僅對維持治
安帶來困難，也將使該地區的合法企業處於競爭的劣勢。另外，跨界或邊
境勞工在個人層面感受到與英國脫歐有關的變化是一個完全不同的層面，
它不僅會影響到邊境地區經濟工作條件的變化，而且還可能影響到勞工的
權利、社會保障金的轉移和相互承認資格。

　　在公民權與移民方面：關於北愛爾蘭和愛爾蘭共和國之間建立硬邊界
最常被關切的問題是跨越邊界更加困難和延誤。更廣泛地說，人們預期不
同類型公民的待遇和歧視問題將會發生變化。還有人對非英國公民和非愛
爾蘭公民在邊境地區的地位表示關切，認為對入出境的控制為該區域一些
企業的永續經營帶來了難題。

　　在教育及發展方面：許多人對未來就業和教育機會的潛在影響提出了
質疑。這些關切顯然不僅在教育機會的選擇、人際網絡和社會發展層面，
甚至對下一代的發展也會有長期的影響。

　　依目前為止的說法，英國脫離歐盟意味著愛爾蘭和北愛爾蘭之間必須
有邊境管制，雖然不一定所有進出人員都需要查核護照，但至少需要對過

境貨物進行某種形式的海關檢查。但從更高的層次而言，這對於愛爾蘭與北愛爾蘭多年來的邊境區域跨境合作成果，將會有重大的損傷。首先，是歐盟提供該地區跨境合作的財政誘因恐怕不再，過去依靠歐盟提供大量的經費鼓勵雙方跨邊境的合作將受阻礙；其次，是歐盟在該地區的援助計畫應該會減少，甚至取消，許多計畫中的地方夥伴團體與歐盟及各層級行政合作和協調架構也將因之調整。以及，愛爾蘭／北愛爾蘭跨邊境合作所形成的高層行政合作，以及商業、旅遊層面的成效也會受到影響。截至 2019 年 8 月初，還不知道一旦英國離開歐盟，愛爾蘭共和國和英國之間的邊境會是什麼狀況？是否會在愛爾蘭島上建立邊界，實行管制，現階段都只是一種預測；但若無管制，或是北愛爾蘭地區與英國其他地區有不同的條件，那意味著該邊界地區更接近愛爾蘭（從而也更接近歐盟）標準！

除了二戰期間外，英國和愛爾蘭之間從未對入出境人員進行過控制。根據愛爾蘭議會報告的說法，此為「共同旅遊區」（Common Travel Area, CTA），僅需「最低限度或根本不存在的邊境管制」（minimal or non-existent border controls）。實際上，陸地邊界幾乎完全開放，航空公司和輪渡運營商仍然需要帶有照片的身分證明（並不必須是護照），但在機場乘客會被要求出示護照，因為移民官員無法辨認他們是否來自共同旅遊區內。不過人們可以利用其他開放的邊境，「非法」前往北愛爾蘭和英國其他地區，同樣也可以反向的旅行。目前只有所謂「海鷗行動」（Operation Gull），由移民官員在北愛爾蘭與大不列顛島之間的航線上檢查乘客，以彌補對未經授權跨越南北邊界旅行檢查不足的情況。但目前，海鷗行動只查緝未經授權的非歐盟國家的移民。

（一）對歐盟移民的可能限制

英國政府聲稱上述情況在英國脫歐後不會改變，但前提是這些措施仍足以監管開放的邊境。有一些脫歐運動人士在公投期間指出，共同旅遊區在歐盟成立之前就已經存在。這一點英國脫歐大臣回應表示：這是事實，但愛爾蘭從來沒有接受人員跨邊境自由流動；同樣地，英國也未接受這個

情況。如果英國想限制歐盟移民或短期訪問，無異是一種倒退的做法，只會產生更多的「非法」跨境流動。

　　然而，邊防部署的增加，至少會導致在北南邊境上進行護照檢查，或者在北愛爾蘭和英國其他地區之間進行護照檢查。但兩者都將有政治上的困難，是否真有必要？廣受質疑。總之，加強愛爾蘭邊境管制主要是把非屬英倫三島的居民拒之門外，但對於英國和愛爾蘭公民的限制相對較少，目前沒有跡象顯示愛爾蘭人可能失去在英國的生活和工作權利，反之亦然。

（二）對貨物進出檢查是一個可能的結果

　　一般而言，「在歐盟關稅同盟之外，所有貨物跨境流動，均有必要進行海關檢查」。因此，如果歐盟與英國之間沒有就商品自由貿易達成協議，英國將對來自愛爾蘭的進口商品徵收關稅，反之亦然。這當然引發各界的關切。如果雙方簽訂上述的協定，無論來自英國或歐盟的商品均可享有關稅優惠或免除待遇，就如同歐盟與挪威和加拿大等國家所簽訂的自由貿易協定的模式。如果沒有訂定和執行這些「原產地規則」（rules of origin），其他國家生產的商品可能會通過愛爾蘭進口，以避免英國的進口關稅。

　　因此，無論是否訂有貿易協定，都需要經過某種方式來檢查被運往境外的貨物，從而計算出應付給的稅款，或核實他們的免稅條件。

（三）挪威／瑞典邊境檢查的參考模式

　　上述貨物檢查不必然是全面和嚴格的，甚至可能是相當輕簡（light touch）的。如同挪威—瑞典邊境個案，因為瑞典屬於歐盟成員，挪威則不是，這兩個國家之間亦設有海關檢查，不過，它們是採取抽查方式，不對所有車輛進行檢查。在實務上，可以指示攜載進口貨物的車輛和貨櫃前往邊境附近特定的海關保稅倉庫，且不一定是在邊境關口，對商用車輛進行抽查，以震懾逃稅行為，還可以利用技術來減輕或消除實物檢查的負擔。

　　2019 年 4 月 3 日，首相梅伊與工黨領袖柯賓（Jeremy Corbyn）舉行會談，商討如何突破英國脫離歐洲聯盟的僵局。會中討論到工黨一向所主張在脫歐後與歐盟建立關稅同盟的選項。這也讓下議院隨即以 313 票同意、312 票反對，「一票之差」通過「反對無協議脫歐」，即朝向所謂「軟脫歐」的方向前進。該選項主張在脫歐後與歐盟建立關稅同盟，提議英國重新加入歐洲自由貿易聯盟（EFTA），如此就可進入歐盟單一市場，解決當前英國及愛爾蘭邊境將面臨的困境。

第六節　本章結論

　　英國和愛爾蘭共同加入歐盟對雙方的陸地邊界區域產生的效益包括：第一，它實現了跨境合作的正常化和去政治化。兩國在邊境地區各「區域」的跨界合作，普遍採取務實的做法，有人認為加入歐盟造成了「去國家化」的結果，但各方均認可跨境合作的確實得到了實際的好處，特別是邊境地區的地方政府。在經濟方面，英國和愛爾蘭加入歐盟單一市場取消了關稅，統一了管制和稅制，為跨境貿易和商業創造更公平的競爭環境。因此，英國脫歐的連鎖反應將是深遠的，包括：英國可能進入經濟衰退時期，公共財政支出將嚴重縮水，尤其是公共醫療領域將面臨資金黑洞。從長遠來看，由於脫歐造成的勞動力流入減少以及貿易及投資下降，會對英國的長期經濟成長造成負面衝擊。在政治層面的影響則是英國和歐盟之間的政治關係將變得緊張；其次，相對於英格蘭較為高漲的脫歐情緒，蘇格蘭人則廣泛支持留歐。因此一旦英國脫歐，蘇格蘭可能會要求再次舉行獨立公決，同時也可能會進一步加大北愛爾蘭的離心力，最終導致英國的分裂。英國人口接近歐盟人口總量的 13%，英國 GDP 占歐盟總 GDP 近 18%。若英國退出，對歐洲統合或歐盟的國際影響力將大打折扣 [18]。

---

[18] 周艾琳，英國退歐公投大幕將啓，全球市場影響全解析。中證網，2016-06-22。http://www.cs.com.cn/xwzx/hwxx/201606/t20160622_4996059.html

　　本章把焦點放在英國脫歐的最前線，愛爾蘭共和國是北愛爾蘭在英國以外最重要的出口夥伴，跨界貿易對北愛爾蘭經濟的重要性日益增加，已成為北愛爾蘭中小企業部門探尋出口市場的重要跳板。尤其歐盟執委會、歐盟區域委員會對重大跨邊境基礎設施專案（如：貝爾發斯特—德都柏林鐵路和公路走廊）的財政捐助，更有助於本區域的成長。「歐洲聚合基金」和「結構基金」的投入，有助於確保兩國邊境地區不致落後太多於歐洲單一市場的經濟成長中心區域。就日常經驗而言，英國和愛爾蘭民眾因為共同歐盟公民身分所提供的福利，如：超國家權利、保護性就業立法、海外待遇計畫（Treatment Abroad scheme），以及保護邊境勞工等措施，都超過了英國／愛爾蘭兩國原先的安排。因此，英國退出歐盟導致在政治、經濟及區域合作上的變化不僅是有感的，且產生了明顯且具體的影響，這些感覺在地方政府層次及邊境地區更為強烈。

　　對一般的民眾而言，他們最希望的是邊境的干擾和變化能夠降到最低的限度。共同關稅同盟模式，加上相對寬鬆的入出境管制，也就是所謂有協議的「軟脫歐」策略，較能符合雙方邊境區域民眾的利益與需求。英國在脫歐後可重新加入「歐洲自由貿易聯盟」，即所謂的「挪威＋」模式，與歐盟建立正式關稅同盟，才能將衝擊降到最低。

　　其他還有哪些措施是在因應未來變化所要考慮的事項？很多人提到如何獲得歐盟「資金」的問題；也有提到未來邊境地區城鄉發展政策的重要性，這也是負責各級治理的首長和官員應該思考的任務，也需要有適當代表性的地方政治論壇共同參與，才能解決跨域治理實務上各種新的問題和挑戰。

第八章　結論——兼論臺灣地方治理現況與英國經驗啟示

　　本書從歷史制度主義的角度，分析英國地方治理及區域議題。研究發現英國地方政府制度及治理變革，深受歷史脈絡的影響，而當前地方治理機制或策略，亦是建立在過去制度的基礎之上。然而，無論從理論或實務的角度來看，制度的變革並非一夕驟然致之，而是要歷經一連串歷史與環境交互作用的結果。在個案研究上，本書也藉由「新地方主義」及「新區域主義」之途徑，探討英國區域政策在不同階段中的樣貌、變遷與整合。特別是從分權、授能、跨域、協力、課責與績效等概念，對當代英國區域及地方治理的模式、運作與機制變革加以評介分析。除了跨邊界治理合作型態的觀察，亦探討英國地方政府績效管理制度之內涵與運作，同時也審視歐盟因素對英國地方治理的影響，尤其是觀察英國脫歐事件對邊境區域管理、制度調整等未來可能之發展。

　　與傳統比較政府或制度研究不同之處，本書嘗試從「網絡」及「治理」等概念，探討英國較長時間序列的地方治理，特別是觀察地方治理應具有的「在地化」、「參與性」及「回應性」特質，透過制度化方式幫助地方政府達成有效的治理。因此，本章第一節提出本研究發現，包括：傳統與當代英國地方及區域治理制度與個案內容，以及相關制度在不同時空環境下的運作、轉變與聚合；也觀察其等如何嘗試超越傳統政府型態與框架，達到當前治理要求與問題解決之目標。第二節將反思英國經驗對臺灣地方及區域治理的啟發。首先，簡述臺灣地方及區域治理的發展與困境；其次，將探索英國地方及區域發展值得臺灣學習和警惕的經驗。第三節將提出未來研究議題與建議。

第一節　研究發現

一、英國地方治理制度變革一直擺盪在集權與分權之間

英國地方治理的發展，有兩個特徵：一是呈現出一種漸進主義模式，歷史傳統和制度演進之間，具有高度的關聯性。在大部分時間依循所謂「撒克遜人遺產」式的地方治理模式，也就是中央政府採取放任，甚至無為的態度。只有在特定時間點上，或有疾病及暴亂侵犯時，中央政府才會被迫或被要求採取中央集權式的治理作為；二是政府常試圖實現它的集權控制，但近一千年來卻很少達到目標。所以，英國地方政府的發展歷史，始終在國家集權崇拜的「諾曼枷鎖」，以及分散混亂的「盎格魯─撒克遜傳統」之間擺盪著。本書以 1994 年成立「政府區域辦公室」的興衰為例，本來期許它能協助推動公私協力夥伴之間的治理關係，但該機制僅歷時十五年，於 2010 年後逐一熄燈、關閉，主要原因就是外界批評中央干預和介入地方自治權的聲浪不斷。

二、英國地方治理的歷史，以自治為主流，集權是例外

本書第三章檢視了近兩千年的英國地方治理歷史，發現在大部分時間是呈現一種地域性、自主性較高的治理模式。然而，在過程中偶有出現中央集權的例外或斷續階段，如：在諾曼征服後的封建時期，以及 1979 年後的保守黨執政時期，中央集權態勢明顯。近期的發展，主張「地方主義」優先，強調下放權力給予地方或社區，看似「回歸」傳統的地方自治傳統，但也被批評中央政府的集權主義情結，更勝於柴契爾和布萊爾首相主政時期。但從整體的觀察，英國政府制度以「西敏寺模式」為主軸，在「議會至上」的結構上，中央部門集權的形式明顯；但從歷史發展上看，英國地方自治和區域協調仍是一項悠久的傳統，尤以 1999 年《地方政府法》推動後更是如此。

對於英國中央與地方關係的討論，可做一比喻：中央集權就像是一條力大無比的「神龍」，是政府管理中的基石，但人民也畏懼牠的巨大，要求對它加以束縛；自治是地方人民安身立命的基本權益，但往往又期待有神龍的保護。英國地方治理的制度發展，就在這一矛盾和現實中推進著。

三、英國地方政府型態呈現多元、彈性；屢見修正，變動頻仍

英國地方政府制度在 19 世紀末期有了較正式且具體的型式。從結構和屬性上看，目前英國地方政府包括「郡」、「區」或「自治市鎮」，以及「教區」三個層級；若從職權運作上區分，分為「一級制」和「兩級制」。一級制主要是由單一型管理機構來統籌；兩級制通常是由「郡議會」和「區議會」來共同治理。因此，英國地方政府型態在實務上呈現多元色彩，常見的地方治理單位為：郡議會、區議會、單一型管理機構、大都會區及倫敦自治市鎮等五種。但研究發現，英國地方政府結構經常做修正變動，充分體現英國的地方治理的多元、彈性色彩。本書舉出 Dorset、Suffolk 和 Buckinghamshire 等郡為案例，有些由郡議會直接改由單一管理機構管理；有些從數個區議會整合成單一管理機構來管理；有些新的地區不採單一管理機關，反而採用傳統的郡、區議會兩級制。若再加上近年陸續成立推動的「區域」層級治理機制，地方治理層級可以多達四級之體制。

四、現代英國地方治理體系，可歸納為福利國家、中央主導、府際協力、夥伴關係四個發展階段

本書第四章將現代英國地方治理體系歸納為四個階段：即：1965-1978 年間的「福利國家」階段，其地方治理機制基本上是以中央政府指導，地方配合執行為主；1979-1997 年期間屬於「中央主導」型，其地方治理機制傾向一種中央主導的協力關係，主要治理工具有強制競標、契約外包等。1998-2010 年屬「府際協力」階段，在地方層次採公、私部門協力治理的方式，推出「地方策略夥伴」、「最佳價值績效計畫」等方案，

進行多部門協力的方式來進行公共服務。2011 年以後的聯合政府，強調「夥伴政府」，在地方治理上，則致力於推動公、私及社會的夥伴合作關係。

　　整體而言，英國地方治理體系自 1998 年開始，即朝向一種中央與地方整合，以及公、私部門及非營利組織協力合作的型態發展，不斷強調要透過夥伴關係的治理模式，來為民眾提供更好的公共服務。當代英國地方治理機制改革，無論從組織結構調整，或是從治理機制的本質與內涵上觀察，基本上是依循這個路徑發展的。

五、「諮商」機制能促進民眾參與，落實地方夥伴關係治理

　　英國政府的「諮商」機制是一種法定的決策程序，對地方治理而言格外重要。本書第四章列舉公民組織參與社區治理、地方政府的整合治理、居民及夥伴團體的諮商等三種方式，探討當前英國地方及區域治理的基層運作，發現都是以建構夥伴關係治理的方向而努力。這些治理方法均強調中央政府、地方政府、企業和公民之間的合作關係。其中，尤以諮商制度最為明顯。它可以讓政府更詳細地了解居民、合作夥伴或社區對於影響他們之特定問題的看法，透過聽取和理解當地人的意見，再做出決定或確定優先事項。另外，諮商是讓當地民眾有機會參與並影響重要決策的接入點（access point）。透過各種諮商工具組合，設計適當的諮商方法，幫助施政方案考量、分析與改進缺失，讓公民參與制定公共服務標準和實施之理想，透過諮商程序加以落實，對地方治理的影響是根本且重大的。

六、地方主義已是一種趨勢，但應再落實中央與地方權力的平衡

　　推動地方與社區夥伴治理關係是當前政府的政策主軸。2010 年，聯合政府上臺，提出新的《地方主義法》作為推動地方與社區夥伴治理的法制基礎。其重點是要求更大幅度的權力下放，推動建構「夥伴政府」。然

而，現實上許多限制還是難脫中央集權的窠臼。這些結構問題包括：（一）英國中央仍然掌握有很大的權力，下放權力的方法存在根本缺陷。目前地方政府結構朝向單一層級的管理機關發展，在尋求經濟與效率的前提下，有時會忽略獨立、民主方式選舉代表，地方自主的期待和需求常受忽略；（二）英國地方政府仍多依靠中央撥款，各地方政府難有較大的地方自主性，甚至影響其區域策略發展的靈活性。1990年代後的公共服務與權力下放，充其量是一種成本分流、責任下放的行為，而不是眞正的權力下放和財政自治；（三）《地方主義法》賦予社區許多權力，爲社會公益團體和志願機構創造了新的權利。然而，《地方主義法》中的「分權」改革，被批評隱含「中央集權」形式，地方得到的大多是一種必須得到中央批准的權力。

　　英國自19世紀末以降的地方政府結構簡化或變革，其基本精神應是追求主權在民的理念在地方政府體系中得以確立。實務上，即是以民主選舉產生的議會爲基層區域的權力機構，全面負責該地方的治理事務。儘管障礙仍在，地方主義精神的實踐，已成爲英國地方治理一種趨勢，縱然「大社會」計畫之名不再，相關措施與精神依然被繼承，這也可視其爲十幾個世紀以來英國民主價值的延伸。

七、英國地方政府績效管理制度具「權明簡政」特色，並呼應「夥伴關係」治理原則

　　上述英國地方及區域治理機制所展現的多重政體、整合功能及跨部門夥伴關係，究其內涵，包含民主、參與、課責等政府治理的根本，但治理效能之確保才是爲制度設計的目標。本書第五章分析對英國地方政府績效管理制度演進與內涵，探討其如何監督施政目標的達成，控制政府服務提供的效率、效能。歸納至少有三點值得我們學習：一是「事權明確，化簡馭繁」。英國中央政府中始終有一個部會（委員會）負責協調與地方政府的關係，目前由「住宅社區暨地方政府部」（MHCLG）負責該任務。而英國審計委員會負責蒐集資訊反饋、研究、設計、制定、修正和發布相關

績效評估體系，是一個全國性的獨立公共機構，同時也是績效評估體系的主要執行者。2014 年後改組為「國家監督和審計委員會」（NOAC），負責對地方政府部門進行獨立監督，以確保英國地方政府績效管理機制的有效運作。事權明確、原則簡化，讓地方公共服務成效得以確保。

其次，是「與時俱進，逐步修訂」。中央政府考核地方政府績效的指標體系從 BVPI、NI，到目前的 PI 體系，再配合 CPA、CAA，或後來的地方自評方式，英國中央政府在規範地方政府應該提供的服務，並考核其實施績效的做法上，一直推陳出新，力圖改革。英國地方政府績效評鑑體系是一個動態的機制，其修訂工作一直在持續進行，功能也更趨完善，更貼近民眾。

英國自 2000 年《地方政府法》實施後，各地方政府的治理作為和績效管理，已經漸趨一致。當前英國地方治理越來越重視民眾的參與和多元監督，其績效評鑑制度並不強調排行，而重視自我的目標實現和改善機制，除了在決策過程中的法定諮商程序外，資訊公開揭露更是要求嚴格。綜觀英國地方政府績效管理機制的發展和運作，其實也是從一種「府際協力」的形式，逐漸朝向一種包括中央、地方、非營利組織及社區民眾在內的治理「夥伴關係」。

八、朝向多重政體、整合功能及跨部門夥伴關係的「區域化政府」模式發展

英國區域化政府體制自 1980 年代保守黨政府開始啟動，到 1990 年代末期新工黨政府的推進，一直到目前的發展，已呈現出多元化、多層次的趨勢。這個發展，其實不是一個預先規劃且期待的結果，而是伴隨 1980 年代以來全球民主再深化、政府施政效能的追求，以及全球化對經濟與行政的實質衝擊等三大外在因素之影響而來。這些影響連帶造成英國中央與地方關係緊張、政策執行及政治社會的變化，導致區域治理環境發生根本的變革，形成一種多元、整合的地方治理結構，其形式包括：中央與地方關係，如：GOs 的功能設計；地方與地方合作，如：MAA 的模式；到功

能領域的夥伴關係，如：GLA 的機構安排。在運作過程中觀察，發現英國區域治理仍可見中央與地方權限的角力之爭，權力下放不一定代表中央權力被削弱，內閣部會仍會加強對決策和資源的控制，維持其影響力。

　　布萊爾政府 1997 年執政伊始，英國積極推動的各項地方及區域治理作為，包括：跨地區協議、政府區域辦公室、大倫敦市管理局等，這些措施、機制或平臺，讓原本就具有堅實的地方自治基礎的英國，在推動改革地方區域合作機制上能夠獲得相當成效，尤其在建構策略性協調、公民參與、監督課責為基礎的制度變革上不遺餘力。然而，從路徑與本質上分析，顯示無論是中央主導，或僅強調地方自治，恐怕已經不能因應當前複雜的環境因素與權力關係，當前地方治理機制已經朝向多重政體、整合功能及跨部門夥伴關係的模式發展。

九、英國退出歐盟，對地方及區域治理的影響是明顯且具體的

　　英國和愛爾蘭共和國共同加入歐盟，對雙方的陸地邊界區域產生很大的效益，包括：實現了跨境合作的正常化和去政治化，特別是嘉惠邊境地區的地方政府；同時加入歐盟單一市場，取消關稅，統一管制，建立公平競爭的跨境貿易和商業環境。

　　愛爾蘭共和國是北愛爾蘭在英國以外最重要的出口夥伴，跨界貿易對北愛爾蘭經濟的重要性不言可喻，也是北愛爾蘭中小企業探尋出口市場的重要跳板。歐盟執委會、歐盟區域委員會歷年來對該區域重大跨邊境基礎建設的財政捐助，更是本區域的成長的基石。加上「歐洲聚合基金」和「結構基金」的投入，使兩國邊境地區的經濟發展不致落後太多於歐洲單一市場的中心區域。再就日常生活經驗而言，英國和愛爾蘭民眾因為共同歐盟公民身分所獲得超國家權利、保護性就業立法、海外待遇計畫，以及保護邊境勞工等措施，都超過了英國／愛爾蘭兩國政府原有的福利。因此，若英國新任強森政府確定於 2019 月 10 月底「無協議」退出歐盟，可以預期許多跨國公司及製造業將遷出英國，加上關稅及相關行政作業支出，造成在政治、經濟及區域合作上的變化和影響不僅是有感的，且會是

明顯且具體的，而這些感覺在兩國邊境地區，將更爲強烈。

十、「硬脫歐」對英國地方及區域治理衝擊甚大；「挪威＋」模式較為可行

　　對愛爾蘭邊境區域一般民眾而言，他們最希望英國脫歐對於邊境管理的變化和干擾能夠降到最低的限度。共同關稅同盟模式，加上相對寬鬆的入出境管制，也就是所謂有協議的「軟脫歐」策略，較能符合雙方邊境區域民眾的利益與需求。若從實務的角度來看，英國在脫歐後可以重新加入「歐洲自由貿易聯盟」，即所謂的「挪威＋」模式，仍與歐盟建立正式的關稅同盟，才能將衝擊降到最低。

　　其他還有一些措施是因應未來變化所要考慮的事項，例如：如何獲得歐盟「資金」的問題；未來邊境地區城鄉發展政策的延續與整合問題。這些都是負責各級政府治理的首長和官員應思考的。因應當前區域治理趨勢，亟需要具有適當代表性的地方政治論壇來共同參與，才能解決該地區跨域治理實務上各種新的問題和挑戰。

第二節　英國經驗對臺灣的啟發與反思

　　我國地方制度的發展，始於 1946 年起實施鄉鎮市區民代表會，及省、縣市參議會（院）間接自治選舉迄今，已經超過七十年。其間歷經了間接自治、半自治，到 1994 年完成省長民選，全面實施自治選舉。制度的內涵亦從行政、管理，到現今的治理精神；所強調的精神從民主、均權、效能，目前也強調的跨域、協力與課責的地方治理；在法制上則是從各項組織規程準則、「省縣（直轄市）自治法」演進到目前的「地方制度法」。就地方自治法制化而論，臺灣地方制度及地方自治的發展，走過一段漫長和艱辛的改革工程，其成果可謂豐碩，但仍有許多改善空間。

　　其次，我國亦面臨全球化和資訊化時代發展之衝擊，無論是在臺灣

與全球各區域，或者是臺灣各區域之間，都形成了生活和工作環境範圍擴大，資訊與交通網絡的交錯連結，民眾跨區移動之情形甚為普遍，造成了許多跨域問題及相關發展政策有待解決和處理。因此，以上英國地方治理及跨域治理制度發展與內涵，尤其所提供之多元區域合作模式，足資我國未來推動區域合作之借鏡，期能有助於臺灣地方及區域治理體制的建立，以提升全面的行政治理能力。

　　然而，跨國制度的比較與參照，最大的挑戰不在於語文與空間距離，而是人們思維的自我侷限。一般認為國家、區域不同，就不能一概而論，卻可能錯失客體之間原則性和創新性互相對比的可能空間。因此，儘管法制、歷史發展不同，英國經驗、制度精神與內涵，對於臺灣區域治理的研究和制度設計上，仍有其重要參考價值。以英國區域治理研究的經驗，對我國相關制度調整或建構有無參照或移植之可行性？站在學術的角度而言，所有成功案例或模式都不失為一帖良方，但不論是臺灣或英國的經驗，其制度的演進、歷史背景或時空環境，都有所差異，在研究、分析或引用時，當然無法全盤臨摹，但是哪些精神或本質是制度規劃者可以參考的？哪些則非？亦為本書要旨之一。

一、我國地方治理及區域發展

　　我國憲法條文賦予地方政府相當重要的價值與地位。不過在五十年的中央集權體制下，雖然縣市鄉鎮長及民代民選行之有年，臺灣地方自治發展卻面臨了一些結構性困境：資源稀少、分配不足；管理能力與機能不足；地方割據主義；地方自治權力不足；城鄉中心化與邊陲化的發展與分配衝突。另外，因為地方政治生態惡化，造成中央與地方政府對抗，以及地方政府間、地方府會間的對立與衝突。尤其在狹隘與孤立的地方政治、地方派系、黑金政治、乃至政黨之對立，更不利於談判、協議政治與地方治理的發展（趙永茂，2007）。

　　在對比英國地方治理制度之前，本節從過去發展歷程與經驗，簡述臺灣地方治理的發展與問題。

（一）歷史的發展

　　趙永茂教授（2009）指出，臺灣的地方自治歷史可追溯至明鄭時期前後，大量漢人遷移來臺，在臺灣建立起獨特的漢文化移民社會。而後歷經日治時期（1945 年以前）、國民政府時期至解嚴（1945-1988 年）、解嚴後憲改到精省（1988-1997 年），以及精省至現今（1997 年以後）等四個地方自治時期。臺灣現代地方自治則濫觴於臺灣光復後，國民政府於 1946 年起在臺灣地區所實施的間接自治選舉；1950 年，「臺灣省各縣市實施地方自治綱要」公布後，開始嘗試實施地方自治。但在當時的時代背景下，中華民國憲法無法正常運作，政府並未依據憲法第 108 條第 2 項第 1 款制定「省縣自治通則」，以作為實施地方制度的準據法（紀俊臣，2006：3）。因此，1945 年至 1994 年之間，一直是以行政命令的方式辦理地方自治。

　　在過去一段很長的時間裡，臺灣各縣（市）政府、鄉（鎮、市）公所組織受到省政府高密度的監督，透過「臺灣省各縣市政府組織規程準則」與「臺灣省鄉鎮縣市公所組織規程準則」，直接規範縣（市）政府、鄉（鎮、市）公所的組織，不僅包括其組織規程的體例、設置的單位、名稱、業務執掌，甚至編制員額等事項。另一方面，縣（市）政府的所設機關，諸如警察局、環保局、衛生局、稅捐處、文化中心、戶政及地政機關，以及其他如清潔隊、圖書館、托兒所等甚至連公有零售市場的組織，皆由臺灣省政府訂頒通則性的組織規程，交由各縣（市）政府、鄉（鎮、市）公所適用。地方政府幾乎無任何彈性可言，無法另定其組織型態與設置。全臺 21 縣（市）及 319 鄉（鎮、市）的組織態樣毫無因地制宜與在地特色，地方首長之人事權亦受到嚴重的限縮。

　　這階段所實施的地方自治，雖有民選行政首長，對外代表各該地方自治團體，並綜理各該行政事務；也有民選地方民意代表，組成地方自治團體之立法機關，行使立法權限，並監督地方行政事務，然而，這些民選公職人員，還是無法改變各該地方自治團體的組織態樣。其次，地方政府的處境，宛如隸屬中央的下級機關，非屬各該地方自治團體的機關，幾無獨

立自主性。

　　及至民國 1994 年 7 月「省縣自治法」與「直轄市自治法」的施行，省長與直轄市長皆改為民選，我國地方自治露出一線曙光。最主要的關鍵不僅國家第一級地方自治團體的首長由官派改為地方居民直接民選，人事權的擴大也是一大進展。依據上述二法，臺灣省政府與北、高二市政府所屬一級機關首長，除主計、人事、政風及警察等機關之首長任用，受各該專屬人事管理法律規範，其餘均以比照簡任第 13 職等，由首長、直轄市長任命。換言之，省（市）長可以任命無須公務員身分的人員，擔任省市政府一級機關的首長，組成執政團隊，推動省（市）政務，對地方自治帶來一股截然不同的局面。但同一時期，縣（市）政府、鄉（鎮、市）公所的組織並未獲得這樣的待遇，省縣自治法對渠等組織的設計，依然沿襲舊制。地方政府組織權，是落實地方自治的一個衡量的指標，省縣自治法的施行，並未提升縣（市）、鄉（鎮、市）在這一方面的自治權能。

　　在 1998 年精省後，縣（市）政府與鄉（鎮、市）公所的組織，才有了蓬勃發展的契機。而此一轉機的動力則是來自於「地方制度法」的公布施行。該法明定縣（市）政府設 1 至 2 位的副縣（市）長，與 3 至 5 位政治任命的一級單位主管。再則，「地方制度法」的重要子法「地方行政機關組織準則」，打破自 1950 年以來臺灣省政府以嚴密管控縣（市）政府、鄉（鎮、市）公所組織的框架。2010 年至 2014 年間，7 個縣（市）合併、改制直轄市（通稱「六都」）的案例，對臺灣地方行政與層級帶來重大變化，因為治理空間結構的改變，衝擊地方制度的基本結構；未來的鄉（鎮、市）是否取消自治？抑或直轄市之區應實施自治？目前尚無共識，有待進一步檢討與修法。

（二）模式的遞嬗

　　紀俊臣教授（2006：6-8）總結臺灣自 1947 年 12 月行憲以來的地方自治發展，歷經多階段的機制轉變，其發展模式可分為：

1. 由半自治至自治

　　初期的地方自治，僅限於縣（市）以下，並未包含省（市）；雖然省（市）議員係由直接選舉產生，但省（市）長尚由行政院院長派任，呈現一種半自治狀態。直到 1994 年 7 月，公布「省縣自治法」及「直轄市自治法」，同年 12 月，直接選舉省（市）長及省（市）議員，自此臺灣之地方自治，始由半自治趨向自治之法律狀態。

2. 由行政體至自治體

　　在臺灣未完全依照憲政體制施行地方自治前，地方政府僅是執行中央行政命令的行政體，不得行使自治權，其政府體質上不具自治體特質；在依憲政實施地方自治後，地方政府得以扮演自治體的角色。

3. 由公共行政至地方治理

　　地方自治在管理上由早期的公權力作爲核心的公共行政演變爲以提升服務效能爲核心價值的公共管理，直至地方治理（local governance）概念出現後，地方自治之政治作爲，在兼具自治行政的自主性特質下，亦重視非營利組織（NGO）在政治過程中之角色，民間參與地方公共事務的機會和能力也越來越受重視。

　　另外，當前地方治理有別於過去地方自治受行政區劃的限制，更強化跨域公共議題之處理，以及府際合作方式推動地方發展。而目前地方自治的主要法律架構爲「地方制度法」，該法的主要精神有：自治法定化、組織自主化、立法法律化、財政自有化、監督合法化、產業在地化、經濟發展化。未來則朝向強化自律規則、健全跨域合作、建立公民社會之方向努力（紀俊臣，2006：8）。

　　雖然說臺灣實施地方自治已經七十餘年，但事實上地方的自治權在很長一段期間仍然處於執行中央委辦事項、執行中央法規命令及中央預算的半自治權時代。作者將其視爲第一代的臺灣地方自治。及至 1994 年「省縣自治法」及「直轄市自治法」施行，以及省（市）長及省（市）議員直選後，乃進入第二代地方自治之法律狀態。當前以「地方制度法」爲基礎之第三代地方自治，所強調的是中央與地方合作、跨域治理以及公私協力的基本內涵（黃榮源，2012：230）。

　　環顧臺灣當前公共治理主題，或者是各項選舉中受到矚目的政見，不外乎促進在地產業的發展、推動地方創生、創造在地就業機會，或是興辦社會住宅、推動長期照護、擴大幼托服務等，皆與民生息息相關，且都必須透過中央、地方及民間共同協力合作才能達成。限於地方政府普遍面臨財政資源短缺的現實，地方政府必須學會用最有效率、最經濟的方式和工具來整合資源，以回應民眾對生活改善的高度期盼。臺灣進入「六都」時代，要推動這些政策的最有效方法，在於跨縣市合作平臺的建立，在中央與民間的支援之下，共同運用財政、土地等有限資源，擬定共同策略，合作推動以解決共同問題。類似區域聯合治理的機制是地方政府治理的必然途徑，也是當代公共治理中的一門顯學。

二、英國經驗和啟示

　　隨著政經社會與自治環境的變遷，傳統地方自治與地方自治權權限劃分理論，已面臨若干調整、演化與挑戰。其中住民自治與人民主權原則，已注入地方治理（local governance）精神，成為重要的地方自治發展意涵（趙永茂，2009：56）。隨著府際關係與跨域管理等理論發展趨勢的影響，也使得原來單一性自治體的概念，逐漸發展成多元、複合性的地方自治體。讓原有的中央與地方權力關係型態，逐漸加重地方分權的演化，以及強化夥伴與地方合權自治概念。在全球化民主浪潮與先進國家地方治理發展經驗的衝擊之下，原先重視自治權力形成與自治主權代議運作的概念，已轉換為後代議（post-representativism）體制的發展，地方政治過程已被要求更為開放（opening）與透明（transparency），地方代議與政策過程必須開放更多參與平臺與監督管道，地方的民主自治已被要求建立在公民民主社會之上（趙永茂，2009：57）。

　　筆者認為英國地方及區域治理制度可資我國借鏡者，至少有三方面：

（一）區域治理及跨域合作的制度設計

英國跨域治理具有多元化的制度特性，配合以中央政府各部會的整合協調機制，如：地方策略性夥伴關係、區域協調小組等，對我國跨域事務規劃和制度建置，有很大參照效果。雖然兩國分屬大陸與海洋法系，英國在制度設計與規劃上較具彈性，組織的建置或廢除可依政策需求而調整，與我國在機關設立與權責配置必須具備法源基礎才得以施行，有所不同，但其精神與原則，是臺灣在規劃跨域事務合作方式時，值得學習仿效之處。

（二）英國區域治理體制當中，建立跨行政轄區的「區域政府」，值得我國規劃相關制度時加以運用

此功能性、彈性化與策略性跨域治理機制，並非在現行制度增加一個政府層級，而是整合較大區域內，具有共同業務的鄰近地方政府之間，以其策略夥伴意識爲基礎，或者是成立特殊目的之功能性政府或機關，如：大倫敦市管理局、大倫敦區消防與安全事務局等。除此，得以在地方政府間，以及政府與民間組織間建立公共夥伴關係，爲地區發展而成立具有特別權力的各種行政、經濟與公民社會資源的發展機關，形成一種夥伴關係治理的形式。凡此均值得臺灣推動地方及區域發展及合作之參考。

（三）是英國政府績效治理的彈性化特色，在地方層次上展露無遺

透過制度的參考，或許能爲我國中央政府如何引導地方政府追求更佳的服務績效，帶來一些啓發。無論是指標體系建構、選擇；或是評估體系與方式，或是中央政府專責監督委員會的角色，都是我國地方政府績效管理制度可以參考的範本。

關於第一、二項主題，值得參考的是英國近期發展出所謂「城市—區域」的治理模式。它是一種逐漸超越傳統的地方治理概念，把城鎮間用策略性的空間規劃做一個目標導向的治理，讓區域內各地方能夠有清楚的發

展目標，以達到區域治理的功能。相對而言，臺灣過去由於一元化的經濟發展，各區域間產生極端不均衡的現象，形成跨域治理的難題，而地方資源無法有效整合利用，對提升國家競爭力有不利的影響。

臺灣過去亦有若干區域治理及相關的區域合作的有限經驗，這些區域治理可以分爲非正式合作、委員會、行政契約或授權法人、準政府組織或區域聯合會、區域政府等六類，其管理強度依序由弱漸強，其中由地方主導成立的組織，包括臺中縣市聯繫會報（1993）、高高屏三縣市首長暨主管會報（1999）、北臺區域發展推動委員會（2006）、中中彰投首長早餐會報（2008）、雲嘉南區域建設推行委員會（2010），這些組織多屬非正式合作；而由中央主導成立的組織，則有行政院南部聯合服務中心（1998）、中部聯合服務中心（2003）及東部聯合服務中心、高屏溪流域管理委員會（2001），前三者爲委員會組織，後者則爲全國第一個溪流專責機構，性質上屬於區域聯合會。

上述這些區域組織中，不同型態組織具有不同管理強度，同時各管理機制所依循之公共組織理論也有所不同。由於精省之後，後續並無功能相當的組織或機制加以銜接，在少了省政府的分擔及緩衝下，中央政府需直接面對 23 縣市，諸如中科四期開發計畫、苗栗大埔農地徵收問題等，均由行政院長親自出面解決。雖然中央推動不定期地方縣市首長會報，且行政院亦於 1998、2003 及 2007 年成立南部、中部及東部聯合服務中心，期滿足區域協調需求，但往往地方政府間事前並無周全的規劃討論，多以既存跨域問題——如：垃圾、治安、防災等爲主，平臺本身規劃功能薄弱，鮮少主動提出區域共同願景及藍圖。

參考英國經驗，我國地方治理未來勢必朝區域治理的概念來思考去路，以超越不同範圍的行政區域來建立一種「功能導向」的「跨域」治理機制，同時導入社會資源，以新的夥伴關係協力解決區內資源與建設不易協調配合的問題。目前，中央與地方之間亟須重新啓動一個以地域爲範圍的協調機制，先行解決跨部門或跨領域共同的問題，進而增進國家公共建設投資及使用效率、空間規劃體系的合理，以及區域差異的縮短等問題及早綢繆，以提升區域治理效能及競爭力。

　　關於第三項主題，行政院主計處自 2011 年起，逐年擴大中央對地方一般性補助款之規定，以落實地方自治實施，並促進區域之均衡發展；此外，行政院於 2004 年 6 月通過「國土計畫法」草案，將國土計畫體系劃分為全國國土計畫、都會區域計畫、特定區域計畫及直轄市、縣市國土計畫等，期望能夠讓各級政府有效運用有限的資源，並建立以績效為導向的效能組織。2014 年後，縣市陸續合併或升格後的「六都」新局，讓臺灣地方治理邁入新的發展。在既有資源有限的情況下，如何提升治理能量以面對大幅增加的轄區範圍，對首長或文官體系而言，都是新的挑戰。為落實良善治理，提升政府競爭力，行政院推動建置「施政計畫管理資訊系統」（Government Project Management network，簡稱 GPMnet）於中央部會之施政運作；並於民國 2006 年起，推動「中央協助地方建置計畫 e 化管理機制方案」，提供地方政府施政績效系統化管理資源，推動各縣市客制化施政計畫管理資訊系統（LGPMnet），以建全總體政府施政績效管理機制（黃榮源、王俊元、張筵儀，2011：139-145）。

　　本書第五章所介紹的英國彈性化政府績效治理機制，或許能為我國中央政府如何引導地方政府追求更佳的服務績效，帶來一些啟發。從客制化的績效指標建構、選擇，到以自評為主的評估方式，配合專責的監督委員會進行外部控制，都是我國地方政府績效管理制度可以參考的範本。

　　綜言之，面對外在全球化的衝擊，以及國內地方治理環境的變遷，當前臺灣地方及區域治理的各項課題，需要中央政府、各地方政府、公民社會及社區民眾協力合作來共同面對與因應。盱衡上述發展趨勢，當前公共服務應平衡公民導向與市場競爭兩項價值，讓行政運作更富彈性，才能因應內外環境之各種挑戰。因此，政府必須日益開放，使外界參與更多公共事務；行政人員宜採取多種應變途徑，提升新的管理技術，皆為勢在必行。有鑒於地方治理理論已經逐漸轉變為更重視人民主權、住民自治、地方分權的方向發展；傳統地方自治實務所重視的單一獨立自治領域、自治機關的自治權運作，勢必要轉化成為兼具跨域合作、府際管理及強調區域內各自治機關與公民社會的協力夥伴關係。

　　體察臺灣地方自治的發展歷程，這一波的「地方治理」典範，伴隨

英國地方治理變革及全球化變遷，朝向「地方政府再造」、「區域經濟發展」及「行政區域重劃」三合一的方向進行。也就是致力發展效能化、課責化、回應化、透明化與網絡化的新地方治理模式前進。此時，應借鏡先進國家的地方自治與自治制度的改革經驗，重新評估一般縣級地區的發展角色與地位，使臺灣的地方自治與自治制度的發展能與國際接軌並兼顧地方需求，以健全我國地方治理機制與公民社會的建構。

第三節　未來研究議題與建議

　　本書主旨是從全球化及英國「脫歐」的治理新局中，探討英國地方治理制度的適應與創新。依此命題，地方治理制度是為「依變項」，其發展與結果乃是依循內外環境之變局（如：工業革命導致的都市化、經濟全球化或英國脫歐事件等）而定。然而，英國傳統自治精神是否有可能是一「自變項」，一直引導英國治理體制在一個常軌下運行？再者，英國現代國家時期的地方自治型態與傳統國家時期是否有所不同？從 1980 年代以後，變遷頻率及速度更快，內容更加劇烈，是否有新的因素，如：全球化、經濟或科技等，造成歷史制度的「斷續」現象更加頻繁？如果是，則英國地方治理的軌跡是否有結構性的變化？還是已經轉變爲一種新的「常軌」？未來的發展與結果如何？值得續予觀察。

　　其次，本書以「新地方主義」及「新區域主義」途徑，探討當代英國地方及區域治理的模式、機制及運作。研究依循上述架構，解析當前跨域合作、協力夥伴型態的地方治理，尤其關注這些模式在授能、課責與績效管理上的制度設計和運作。然而，在制度變革、創新過程中，同時也看到地方自治傳統與中央控制作爲之間的角力和矛盾。未來可以針對此縱向治理關係，做更深入的觀察與分析，其權力結構，是否會因治理時代來臨而自然調整？公民社會的力量會如何具體影響中央政府授權的多寡？答案應不會如此直接、明確。在橫向的關係上，未來應針對英國不同區域各自條件及經濟發展狀況，做一比較。若各區域之間出現不均衡的現象，跨域治

理是否還能順利形成？在什麼樣的條件和程度下，合作可以被啓動？整合型態是否有所不同？這些都是要關注的問題。

　　治理研究學者往往迴避治理過程中的政治和權力問題，習慣用「擴溢效應」（spillover effect）、「絕對利得」（absolute gains）等期待來合理化跨域或協力過程中的鴻溝。未來應透過更多跨區域合作個案，分析、認識不同區域治理體制的本質，並建立一套多元評估系統，以協助不同地區、不同型態之地方及區域治理機制的建構。

參考文獻

一、中文

丁煌（譯），Denhardt and Denhardt原著（2004）。《新公共服務：服務，而不是掌舵》（公共行政與公共管理經典譯叢。政府治理與改革系列）。北京：中國人民大學出版社。

仉桂美（2005）。《地方政府與文官體系》。臺北：四章堂文化事業有限公司。

王保鍵（2015）。〈英國委任分權政府制度對臺灣直轄市改革之啓發〉，《文官制度季刊》，第7卷第4期，頁39-72。

王保鍵（2017）。〈論直轄市區級政府自治：英國大倫敦市經驗之借鏡〉，《文官制度季刊》，第9卷第3期，頁91-118。

王振華（1996）。《變革中的英國》。北京：中國社會科學院出版社。

丘昌泰（1999）。〈強化地方政府的策略規劃功能〉，《研考雙月刊》，第23卷第3期，頁26-34。

丘昌泰（2002）。〈邁向績效導向的地方政府管理〉，《研考雙月刊》，第26卷第3期，頁46-56。

丘昌泰（2007）。《地方政府管理研究》。臺北：韋伯文化。

丘昌泰（2010）。《公共管理》。臺北：智勝出版社。

左峻德、黃兆仁（2007）。《地方政府治理能力評鑑及輔導機制之研究》。臺北：行政院研究發展考核委員會委託研究。

任遠、陳向明（2009）。《全球城市——區域的時代》。上海：復旦大學出版社。

列維，M. J.（1990）。《現代化的後來者與倖存者》。北京：知識出版社。

朱鎮明（2013）。《跨域治理與府際夥伴關係：臺灣的經驗、省思與前瞻》。臺北：五南圖書。

江大樹（2006）。《邁向地方治理——議題、理論與實務》。臺北：元照出版社。

江大樹、張力亞（2009）。〈縣市長的領導力與地方治理：一個標竿學習的實證研究〉，《臺灣民主季刊》，第6卷第2期，頁61-125。

江大樹、張力亞（2016）。《地方治理：變革、創新與實踐》。臺北：元照出版社。

行政院研究發展考核委員會（2004）。《地方政府施政績效管理作業手冊》。臺

北：行政院研究發展考核委員會編印。

吳定、張潤書等（2007）。《行政學》（下）。臺北：國立空中大學。

吳英明（1993）。〈公私部門協力關係和「公民參與」之探討〉，《中國行政評論》，第2卷第3期，頁1-14。

吳濟華、林皆興（2012）。《跨域治理暨縣市合併課題與策略》。臺北：巨流圖書。

吳濟華、柯志昌（2007）。《高高屏區域治理機制建構之研究——都會發展憲章之探討》。高雄：高雄市政府研究發展考核委員會委託研究報告。

呂育誠（2005）。〈地方治理意涵及其制度建立策略之研究——兼論我國縣市推動地方治理的問題與前景〉，《公共行政學報》，第14期，頁1-38。

呂育誠（2007a）。《地方政府治理概念與落實途徑之研究》。臺北：元照出版社。

呂育誠（2007b）。〈今日地方政府採行治理的問題與展望〉，《研習論壇》，第74期，頁15- 27。

呂育誠（2007c）。〈府際合作機制建立的問題與展望〉，《研習論壇》，第75期，頁16-29。

宋雄偉（2014）。〈英國地方政府治理：中央集權主義的分析視角〉，《北京行政學院學報》。下載自「中道網」：http://www.zhongdaonet.com/NewsInfo.aspx?id=10227。下載日期：2018年6月17日。

李宗勳（2004）。〈公私協力與委外化的效應與價值：一項進行中的治理改造工程〉，《公共行政學報》，第12期，頁41-77。

李長晏（1999）。《我國中央政府與地方府際關係分析：英國經驗之學習》（博士論文）。臺北：國立政治大學公共行政研究所。

李長晏（2007）。《邁向府際合作治理：理論與實踐》。臺北：元照出版社。

李長晏（2011）。〈英國都會體制變革與區域治理組織的制度發展——以大倫敦都會政府為例〉。發表於第五屆「地方自治與民主發展學術研討會」，2011年12月15日。臺中：東海大學。

李長晏（2012a）。〈區域發展與五都治理實證調查之分析〉，《中國地方自治》，第65卷第11期，頁25-46。

李長晏（2012b）。《區域發展與跨域治理理論與實務》。臺北：元照出版社。

李長晏（2016）。《我國中央與地方府際合作機制與法制之研究》。行政院國家發展委員會委託研究報告。

李柏諭（2010）。〈跨域公共事務的管理邏輯：治理演化的類型分析〉，《文官制度季刊》，第2卷第4期，頁1-40。

周威（2008）。《英格蘭的早期治理》。北京：北京大學出版社。

林水吉（2009）。《跨域治理：理論與個案研析》。臺北：五南圖書。

林水波、李長晏（2005）。《跨域治理》。臺北：五南圖書。

紀俊臣（2004）。〈地方自治團體跨區域事務合作〉，《中國地方自治》，第57卷第8期，頁4-18。

紀俊臣（2006）。〈一個研究上的思考：臺灣行政區域的調整〉，《中國地方自治》，第59卷第4期，頁3-32。

紀俊臣（2007）。《都市及區域治理》。臺北：五南圖書。

紀俊臣（2008）。〈臺灣地方間跨域合作的課題與對策〉，《研習論壇》，第92期，頁29-39。

胡龍騰（2007）。〈公民引領之政府績效管理：初探性模式建構〉，《行政暨政策學報》，第44期，頁79-128。

范祥偉、王崇彬（2000）。〈政府績效管理：分析架構與實務策略〉，《中國行政評論》，第10卷第1期，頁155-182。

夏鑄九（2002-2003）。〈面對全球化過程中臺北的都市現實〉，《逢甲人月刊》，第122-127期。引自http://www.fcu.edu.tw/then/alwww/htm1/122fm/122index.htm。

孫本初（2013）。《新公共管理》，五版。臺北：一品文化。

孫宏偉、譚融（2017）。〈論英國「新地方主義」的特徵和路徑選擇〉，《國家行政學院學報》，2016年第6期。下載於2017年2月10日。於http://kyhz.nsa.gov.cn/xzxy_kygl/pf/xzxywz/yksInfoDetail.htm?infoid=3085。

孫柏瑛（2004）。《當代地方治理——面向21世紀的挑戰》。北京：中國人民大學出版社。柴契爾·瑪格麗特（1994）。《柴契爾夫人回憶錄——唐寧街歲月（上）》（原文：Margaret Thatcher, *The Downing Street Years*）。譯者：月旦編譯小組。臺北：新自然主義出版。

高永光（2007）。〈地方治理與地方民主〉，《研習論壇》，第74期，頁1-6。

張四明、黃榮源、呂育誠、陳耀祥（2014）。「中央與地方行政機關組織職能對應比較之研究」，行政院國家發展委員會委託研究計畫（NDC-DSD-103-004）。臺北：行政院國家發展委員會。

張建威、曾冠球（2013）。〈協力治理觀點下影響臺北市長期照顧管理中心組織運作之因素〉，《法政學報》，第25期，頁119-150。

張泰瑞（2007）。《地方觀光發展協力治理機構之探究——以南投縣觀光產業聯盟協會為觀察焦點》。國立暨南國際大學公共行政與政策學系碩士論文。

莊文忠（2008）。〈績效衡量與指標設計：方法論上的討論〉，《公共行政學報》，第29期，頁61-91。

郭昱瑩（2009）。〈政府績效管理與執行力建構〉，《研考雙月刊》，第33卷第2

期，頁30-47。

陳一夫、林建元、鄭安廷（2015）。〈跨域治理模式的建構與評估〉，《都市與計畫》，第42卷第2期，頁153-170。

陳日華（2011）。《中古英格蘭地方自治研究》。南京：南京大學出版社。

陳立剛、李長晏（2003）。〈全球化治理：臺灣都會治理的困境與體制建構——地方政府跨區域合作探究〉，《中國地方自治》，第56卷第2期，頁4-19。

陳林、林德山主編（2000）。《第三條道路——世紀之交的西方政治變革》。當代世界出版社。

陳國申（2009）。《從傳統到現代：英國地方治理變遷》。北京：中國社會科學出版社。

陳敦源、張世杰。2010。〈公私協力夥伴關係的弔詭〉，《文官制度季刊》，第2卷第3期，頁17-71。

曾冠球（2017）。〈良善協力治理下的公共服務民間夥伴關係〉，《國土及公共治理季刊》，第5卷第1期，頁67-79。

曾淑娟（2008）。〈北臺與高高屏區域合作機制比較〉，《研考雙月刊》，第267期，頁69-84。

黃偉峰（2011）。〈論歐洲化課題之各類研究取向及其限制〉，《歐美研究》，第41卷第2期，頁393-463。

黃源協（2005）。〈從強制性競標到最佳價值：英國公共服務績效管理之變革〉，《公共行政學報》，第15期，頁131-163。

黃榮源（2005）。〈歐盟的興起、發展與前景〉，《競爭力評論》，第7期，頁12-23。

黃榮源（2007）。〈英國「公共服務協議」制度的發展與評估〉，《研考雙月刊》，第31卷第2期，頁13-25。

黃榮源（2009）。《英國政府治理：歷史制度的分析》。臺北：韋伯文化。

黃榮源（2011）。〈愛爾蘭與北愛爾蘭的跨境合作：以多層次治理模式分析〉，《競爭力評論》，第14期，頁7-36。

黃榮源（2012）。〈建構第三代的地方治理〉，收錄於《2012年臺灣展望》，頁225-234。臺北：國家政策研究基金會。

黃榮源（2013）。〈歐盟公共治理體系的建構與轉型〉，收錄於朱景鵬主編，《歐洲聯盟的公共治理：政策與案例分析》（頁3-59）。臺北：國立臺灣大學出版中心。

黃榮源（2015）。《當前區域治理的空間結構及與制度調整：比較美、英、歐盟與臺灣之發展（II）》，科技部補助研究計畫期中報告（MOST 103-2410-H-034-011-MY2）。

黃榮源（2015a）。〈功能性區域治理平臺之建構：以「區域緊急醫療應變中心」
　　（REOC）為例〉，發表於第七屆公共治理國際學術研討會及論壇，2015年12
　　月4日至5日。臺中：中興大學。

黃榮源（2015b）。《當前區域治理的空間結構及與制度調整：比較美、英、歐盟
　　與臺灣之發展（II）》，科技部補助研究計畫期中報告（MOST 103-2410-H-
　　034-011-MY2）。

黃榮源（2018）。〈超越政府的治理：英國區域治理機制的整合與策略功能〉，發
　　表於2018年「臺灣公共行政與公共事務系所聯合會」（TASPAA）年會暨國際
　　學術研討會（C2場次），2018年6月2日。臺北：東吳大學。

黃榮源、王俊元、張筵儀（2011）。《地方政府施政績效評估機制之研究》。行政
　　院研考會委託研究計畫案（RDEC-RES-100-009）。臺北：行政院研考會。

詹中原（主編）（1999）。《新公共管理：政府再造的理論與實務》。臺北：五南
　　圖書。

趙永茂（2002）。〈臺灣地方菁英的民主價值取向——1993與2001調查結果之比
　　較分析〉，《政治科學論叢》，第17期，頁1-32。

趙永茂（2007）。〈從地方治理論臺灣地方政治發展的基本問題〉，《政治科學論
　　叢》，第31期，頁1-18。

趙永茂（2009）。〈我國地方制度的改革工程〉，《研考雙月刊》，第33卷第4
　　期，頁44-59。

趙永茂、孫同文、江大樹（主編）（2004）。《府際關係》。臺北：元照出版社。

趙永茂等（2016）。《民主發展與地方治理變革：都會治理與跨域管理》。臺北：
　　國立臺灣大學出版中心。

趙容瑄（2016）。〈府際關係與跨域管理機制之建構：以行政院中部聯合服務中心
　　之重構為例〉。收錄於趙永茂等主編，《民主發展與地方治理變革：都會治理
　　與跨域管理》（頁111-150）。臺北：國立臺灣大學出版中心。

劉坤億（2002）。〈地方政府治理機制的創新挑戰：市場治理模式的功能與限
　　制〉，《法政學報》，第15期，頁79-114。

劉坤億（2003a）。〈地方治理與地方政府角色職能的轉變〉，《空大行政學
　　報》，第13期，頁233-268。

劉坤億（2003b）。《地方政府間策略性夥伴關係建立之研究》。臺北市政府研究
　　發展考核委員會委託研究報告。臺北：臺北市政府。

劉坤億（2004）。〈地方政府間建立策略性夥伴關係之研究：以臺北市及其鄰近縣
　　市為例〉，《行政暨政策學報》，第38期，頁1-30。

鄭安廷（2010）。〈行政區域整併為強化區域治理效能的唯一選擇？從英國區域政
　　府政策的轉變看行政區變革的挑戰〉，發表於臺灣公共行政與公共事務系所聯

合會（TASPAA），2010年5月29、30日。

蘇子喬（2010）。〈臺灣憲政體制的變遷軌跡（1991-2010）：歷史制度論的分析〉，《東吳政治學報》，第28卷第4期：頁147-223。

蘇宏達（2016）。〈英國脫歐的前因與後果：臺灣歐盟專家蘇宏達，如何解讀英國脫歐？〉，《遠見雜誌》，2016年6月24日。

二、外文

Abramson, M. A., and A. P. Balutis (2008). The Challenge of Managing across Boundaries. *The Public Manager*, 37(1): 52-54.

Adams, J., P. Robinson and A. Vigor (2003). *A New Regional Policy for the UK*. London: Institute for Public Policy Research.

Ansell, C. and A. Gash (2008). Collaborative governance in theory and practice. *Journal of Public Administration Research and Theory*, 18(4): 543-571.

Audit Commission (2007a). *The Transition from the CPA to CAA*. London: Audit Commission.

Audit Commission (2007b). *CPA - the Harder Test Framework for 2007: Single Tier and County Councils Framework for 2007*. London: Audit Commission.

Audit Commission (2009). *CAA: Telling People How It Is*. London: Audit Commission.

Bache, Ian and Matthew Flinders (eds.)(2004). *Multi-level Governance*. Oxford: Oxford University Press.

Barlow, I. (1991). *Metropolitan Government*. London: Routledge.

Barnes, W. R. and L. C. Ledebur (1998). *The New Regional Economies: the U.S. Common Market and the Global Economy*. CA, Thousand Oaks: SAGE.

Barnes, W. R. (2010). Governing Cities in the Coming Decade: The Democratic and Regional Disconnect. *Public Administration Review*, 70 (Special Issue): 137-144.

Barthwal, C. P. (2018). *Understanding Local Self-government*. Arundelpet: Bharat Book Centre.

Benneworth, P. S., P. Roberts, P. and L. Conroy (2002). Strategic Connectivity, Sustainable Development and the New English Regional Governance, *Journal of Environmental Planning and Management*, 44(2): 199-217.

BERR (2008). *Code of Practice on Consultation*. London: BERR.

Bevir, M. and R. A. W. Rhodes (2003). *Interpreting British Governance*. London: Routledge.

Bevir, M. (2005). New Labour: A Critique, Proceedings of the Political Studies Association Annual Conference. Leeds: Political Studies Association.

Bititci, S., Allan Carrie and Liam McDevitt (1997). Techniques Integrated Performance Measurement Systems: A Adit and Dvelopment Gide. *The TQM Magazine*. 9(1): 46-53.

Black, Andrew (2018). *Public Consultations: UK Experience*. London: Department of Health, UK.

Blair, Tony (1997). *New Britain: My Vision of a Young Country*. London: Westview Press.

Burnham, Barry C. and John Wacher (1990). *The 'Sall Towns' of Roman Britain*. London: Batsford.

Butler, David and Gareth Butler (1986). *British Political Facts: 1990-1985*. Hampshire: Maclillan Press.

Cabinet Office and Department for Transport, Local Government and the Regions. (2002). *Your Region, Your Choice: Revitalising the English Regions*, Stationery Office, London.

Church, Andrew and Peter Reid (1999). Cross-border Cooperation, Institutionalization and Political Space across the English Channel. *Regional Studies*, 33(7): 643-655.

Clayton Roberts, David Roberts, Douglas R. Bisson (2002). *A History of England: 1688 to the Present*. Englewood Cliffs, NJ: Prentice Hall.

Copus, Andrew (2001). From Core-periphery to Polycentric Development: Concepts of Spatial and Aspatial Peripherality, *European Planning Studies*, 9(4): 539-552.

Copus, Colin, et al. (2017). Audit 2017: How Democratic is Local Government in England? In *Democratic Audit UK*. Retrieved 02/08/2017. In: http://www.democraticaudit.com/2017/08/02/audit-2017-how-democratic-is-local-government-in-england/.

Corry, Dan and Gerry Stoker (2002). *New Localism: Refashioning the Centre-local Relationship*. London: New Local Government Network (NLGN). Retrieved 2018-02-14.

Davoudi, Simin (2003). Polycentricity in European Spatial Planning: From an Analytical Tool to a Normative Agenda. *European Planning Studies*, 11(8): 979-999.

DCLG (2007). *The New Performance Framework for Local Authorities and Local Authority Partnerships: Single Set of National Indicators*. London: Department of Communities and Local Government.

Denters, Bas and L. Rose (2005). *Comparing Local Governance: Trends and Develop-*

ments. New York: Palgrave MacMillan.

Donnelly, K. and P. McQuail (1996). *Regional Government in England*. London: The Constitution Unit.

Dyer, Alan (1991). *Decline and Growth in England Towns, 1400-1640*. London: Macmillan.

Ercan, S. A. and C. H. Hendriks (2013). The Democratic Challenges and Potential of Localism: Insights from Deliberative Democracy. *Policy Studies*, 31(4): 422-440.

Espiet-Kilty, Raphaële (2016). David Cameron, Citizenship and the Big Society: a New Social Model? *French Journal of British Studies*, 21(1): 1-14. (URL: http://journals. openedition.org/rfcb/796).

Ferry, Laurence, Rhys Andrews, Chris Skelcher and Piotr Wegorowski (2018). New Development: Corporatization of Local Authorities in England in the Wake of Austerity 2010-2016. *Public Money & Management* 38(6): 477-480.

Flanders, J. (2011). *The Invention of Murder*. London: Harper Press.

Flinders, M. (2002). Governance in Whitehall, *Public Administration* , 80(1) 51-75.

Goodsell, Charles T. (2006). A New Vision of Public Administration. *Public Administration Review* 66(4): 623-635.

Goss, Sue (2001). *Making Local Governance Work: Networks, Relationships and the Management of Change*. New York: Palgrave.

Haas, E. (1964). *Beyond the Nation State: Functionalism and International Organization*. CA: Stanford University Press.

Hall, P. A., and R. C. R. Taylor. (1996). Political Science and the Three New Institutionalisms. *Political Studies*, 44: 936-957.

Harling, Philip (2001). *The Modern British State: An Historical Introduction*. Cambridge: Polity Press.

Harris, Kenneth (1989). *Thatcher*. London: Fontana Press.

Hayward, Katy (2017). *Bordering on Brexit: Views from Local Communities in the Central Border Region of Ireland / Northern Ireland*. Belfast: Centre for International Borders Research, Queen's University.

Heinrich, C. (2002). Outcomes-Based Performance Management in the Public Sector: Implications for Government Accountability and Effectiveness. *Public Administration Review*, 62(6): 712-725.

Hinds, Pamela and Sara Kiesler (1995). Communication across Boundaries: Work, Structure, and Use of Communication Technologies in a Large Organization. *Organization Science*, 6(4): 373-393.

HM Treasury. (2004). *Spending Review: Meeting Regional Priorities: Response to the Regional Emphasis Documents*. London: The Stationery Office.

Hogwood, Brian W. (1978). *Regional Government in England*. London: Routledge.

Hood, C. (1991). A Public Management for All Seasons? *Public Administration*, 69 (spring): 3-19.

Huang, Rong-yang and Yan-yi Chang (2018). Organizational Innovation of Functional Orientation Mechanism for Cross-Regional Governance: Case Study of the Regional Emergency Operations Center (REOCs) in Taiwan, *International Journal of Organizational Innovation*, 10(3): 28-49.

Huggins, Christopher (2017). The Overlooked Dimension? Brexit and Local Governance. *Local Perspectives on Europe*. Retrieved 30/06/2017. In: https://localperspectives.ideasoneurope.eu/2017/06/30/overlooked-dimension-brexit-local-governance/.

Hunt, T. (2004). *Building Jerusalem: The Rise and Fall of the Victorian City*. London: Phoenix.

Jamali, Dima (2004). Success and Failure Mechanisms of Public Private Partnerships (PPPs) in Developing Countries: Insights from the Lebanese Context. *International Journal of Public Sector Management*. 17(5): 414-430.

Jessop, Bob (2002). The Crisis of the National Spatio-temporal Fix and the Tendential Ecological Dominance of Globalizing Capitalism. *International Journal of Urban and Regional Research*, 24(2): 323-360.

Jones, Anthea (2002). *A Thousand Years of English Parish*. London: W&N.

Jones, Michael E. (1998). *The End of Roman Britain*. Ithaca, NY: Cornell University Press.

Kelly, Janet M. and David Swindell (2002). A Multiple-Indicator Approach to Municipal Service Evaluation: Correlating Performance Measurement and Citizen Satisfaction across Jurisdictions. *Public Administration Review* 62(5): 610-621.

Kirkham, Richard and Paul J. Cardwell (2006). The European Union: A Role Model for Regional Governance? *European Public Law*, vol. 12, issue 3: 403-432.

Klijn, E. H. and G. R. Teisman (2003). Institutional and Strategic Barriers to Public-Private Partnership: An Analysis of Dutch Cases. *Public Money and Management*, 23: 137-146.

Koppenjan, J. F. M., and E. H. Klijn (2004). *Managing Uncertainties in Networks: A Network Approach to Problem Solving and Decision Making*. London: Routledge.

Kramsch, Olivier and Barbara Hooper (2006). Introduction. In O. Kramsch and B.

Hooper (Eds.), *Cross-border of Governance in the European Union* (pp. 1-22). London: Routledge.

Krasner, S. (1984). Review: Approaches to the State: Alternative Conceptions and Historical Dynamics. *Comparative Politics* 16(2): 223-246

Laffan, Brigid and Diane Payne (2001). *Creating Living Institutions: EU Programmes after the Good Friday Agreement*. Armagh: Center for Cross Border Studies.

Lagroye, Jacques and Vincent Wright (1979). *Local Government in Britain and France*. London: George Allen & Unwin.

Lamont, M., and V. Molnar (2002). The Study of Boundaries in the Social Science. *Annual Review of Sociology*, 28: 167-195.

Lampert, Donald E., Lawrence S. Falkowski and Richard W. Mansbach (1978). Is there an International System? *International Studies Quarterly*, 22(1): 143-166.

Lasker, Roz, Elisa S.Weiss and Rebecca Miller (2001). Partnership Synergy: A Practical Framework for Studying and Strengthening the Collaborative Advantage. *Milbank Quarterly*, 79(2): 179-205.

Leach, R. and Percy-Smith, J. (2001). Local Governance in Britain. New York: Palgrave.

Leach, Steve, John Stewart and George Jones (2017). *Centralisation, Devolution and the Future of Local Government in England*. New York: Routledge.

Leisink, Peter et al. (2013). *Managing Social Issues: A Public Values Perspective*. Cheltenham: Edward Elgar Publishing.

Lynn, L. E. Jr. (2001). The Myth of the Bureaucratic Paradigm: What Traditional Public Administration Really Stood for? *Public Administration Review*, 61(2): 144-160.

Magone, Jose M. (2006). *The New World Architecture: The Role of the European Union in the Making of Global Governance*. London: Transaction Publishers.

Magone, Jose M. (edi.)(2003). *Regional Institutions and Governance in the European Union*. Westport, CT: Praeger.

Mahoney, J., and D. Rueschemeyer. (2003). *Comparative Historical Analysis in the Social Sciences*. Cambridge: Cambridge University Press.

Mann, Michael (1986). *The Sources of Social Power: Volume 1, A History of Power from the Beginning to AD 1760*. Cambridge: Cambridge University Press.

Mann, Michael (1993). *The Sources of Social Power (Vol.2) The Rise of Classes and Nation States 1760-1914*. Cambridge: Cambridge University Press.

March, J. G., and P. Olsen (1984). The New Institutionalism: Organizational Factors in Political life. *American Political Science Review* 77: 281-297. New York: Palgrave Macmillan.

Marks, Gerry (1992). Structural Policy in the European Community, in A. Sbragia (Eds.), *Europolitics: Institutions and Policymaking in the "New" European Community*. Washington: The Brookings Institute.

Marks, Gerry (1993). Structural Policy and Multilevel Governance in the EC. In Alan W. Cafruny and Glenda G. Rosenthal (Eds.), *The State of the European Community Vol.2: The Maastricht Debates and Beyond* (pp. 391-410). London: Longman-Lynne Rienner Publishers.

Martin, Steve (2011). Local Government Improvement in England: Policies, Progress and Prospects. *Commonwealth Journal of Local Governance*. Issue 8/9: May-November 2011.

Mawson, John (2007). Regional Governance in England: Past Experience, Future Directions? *International Journal of Public Sector Management*, 20(6): 548-566.

Maye, Damian (2015). Smart Food Governance, Sustainability Transitions and City-Regions. Paper presented at The Governance of the Smart Cities Food Agenda Conference on 28 September, 2015 at LabExpo Milan.

McCann, Philip (2016). *The UK Regional-National Economic Problem: Geography, Globalisation and Governance*. London: Routledge.

McCue, Paul (2002). Best Value and Benchmarking-Value for Your Euros. Retrieved on 111/08/2011, from http://www.wandsworth.gov.uk.

McQuail, Paul and Mark Sandford (2001). Possible Models for Regional Assemblies in England. Retrieved on 10/08/2011, from https://www.jrf.org.uk/report/possible-models-regional-assemblies-england.

Monaghan, C. and Ball R. (1993). Gearing Up for Performance Review. *Local Government Policy Making*, 20(3): 11-18.

Morse, R. S. (2010). Bill Gibson and the Art of Leading across Boundaries. *Public Administration Review*, 70(3): 434-442.

NOAC (2018). Performance Indicators in Local Authorities (2016). *NOAC Report* No. 14-January 2018.

North, C. D. (1990). *Institutions: Institutional Change and Economic Performance*. Cambridge: Cambridge University Press.

Nye, J. (1971). *Peace in Parts*. Boston: Little, Brown.

ODPM (2006). *State of the English Cities*. London: HMSO.

Olsen, Johan P. (2002). Europeanization-A Fashionable Term, But Is It Useful? *ARENA Working Papers*, WP 01/2. Retrieved June 25, 2007, from http://www.arena.uio.no/publications/.

Olsen, Johan P. (2005). Maybe It Is Time to Rediscover Bureaucracy? *ARENA Working Papers*, No.10, March 2005. Retrieved June 25, 2007, from http://www.arena.uio. no/publications/.

Osborne, D. and T. Gaebler (1992). *Reinventing Government*. Reading: Addison Wesley.

Paxman, J. (1999). *The English: A Portrait of a People*. London: Penguin.

Pearce, Graham, John Mawson and Sarah Ayres (2008). Regional Governance in England: A Changing Role for the Government's Regional Offices? *Public Administration*, 86(2): 443-463.

Perri 6, D. Leat, K. Seltzer and G, Stoker (1999). *Governing in the Round: Strategies for Holistic Government*. London: Demos, 1999

Perri 6, D. Leat, K. Seltzer and G. Stoker (2002). *Towards Holistic Governance: The New Reform Agenda*. London: Palgrave.

Peters, B. G. (2000). *Institutional Theory in Political Science: The New Institutionalism*. London: Continuum.

Pierre, Jon and Guy Peters (2000). *Governance, Politics and the State*. New York: St. Martin's Press.

Pierson, P. (2000a). Increasing Returns, Path Dependence, and the Study of Politics. *American Political Science Review* 94(2): 251-267.

Pierson, P. (2000b). The Limits of Design: Explaining Institutional Origins and Change. *Governance* 13(4): 475-499.

Pimlott, B. and N. Rao (2001). *Governing London*. New York: Oxford University Press.

Rhodes, R. A. W. (1996). The New Governance: Governing without Government. *Political Studies*, 44(4): 652-667.

Rhodes, R. A. W. (1997). *Understanding Governance: Policy Networks, Governance, Reflexity and Accountability*. Buckingham: Open University Press.

Rhodes, R. A. W. (2000). New Labour's Civil Service: Summing up Joining up. *Political Quarterly*, 77(2): 151-166.

Richards, Peter (1983). *The Local Government System*. London: George Allen and Unwin.

Robertson, Robert and Rob Ball (2002). Innovation and Improvement in the Delivery of Public Services: The Use of Quality Management within Local Government in Canada. *Public Organization Reviews: A Global Journal*, 2: 387-405.

Robertson, Roland (1992). *Globalization: Social Theory and Global Culture*. London: Sage Publications.

Rosenau James N. (2003). *Distant Proximities: Dynamics beyond Globalization*. Princeton, N. J.: Princeton University Press.

Rosenau, James N. and Ernst Otto Czempiel (1992). *Governance without Government: Order and Change in World Politics*. New York: Cambridge University Press.

Rosenau, James N. (1998). Governance and Democracy in a Globalizing World, in D. Archibugi, D. Held and M. Kohler(eds.), *Re-imagining Political Community*. Cambridge: Cambridge University Press.

Russett, B. M. (1967) *International Regions and the International System*. Chicago: Rand & McNally Company.

Sandford, M. (2005). *The New Governance of the English Regions*. NY: Palgrave Macmillan.

Sanger, Mary Bryan (2008). From Measurement to Management: Breaking through the Barriers to State and Local Performance. *Public Administration Review*, December, Special Issue: S70-S85.

Scott, A. (1998). *Regions and the World Economy: The Coming Shape of Global Production, Competition, and Political Order*, New York: Oxford University Press.

Scott, A. (2006). Globalization and the Rise of City-Regions. In Neil Brenner and Roger Keil (eds.). *The Global Cities Reader* (pp. 370-376). New York: Routledge.

Shafritz, J. M., E. W. Russell, and C. Borick (2007). *Introducing Public Administration* (5th eds.) New York: Pearson Education.

Special EU Programmes Body (SEUPB)(2003). *Building on Peace: Supporting Peace and Reconciliation after 2006*. Monaghan: ADM/CPA

Starling, G. (2008). *Managing the Public Sector (8th Ed.)*, M. A.: Thomson Higher Education.

Steinmo, S., and K. Thelen (1995). Historical Institutionalism in Comparative Politics. In S. Steinmo, K. Thelen, and F. Longstreth (Eds.), *Structuring Politics: Historical Institutionalism in Comparative Politic*s (pp. 1-32). Cambridge: Cambridge University Press.

Stewart, John (2000). *The Nature of British Local Government*. Hampshire: Macmillan Press.

Stewart, John (2003). *Modernising British Local Government*. Hampshire: Palgrave.

Stoker, Gerry (1998). Governance as Theory: Five Propositions. *International Social Science Journal*. 155: 17-28.

Stoker, Gerry (2004). *Transforming Local Governance*. Basingstoke, UK: Macmillan Palgrave.

Stubbs, William (2009). *The Constitutional History of England in Its Origin and Development* (6th edition, 1903). New York: Cornell University.

Sullivan, Helen and Chris Skelcher (2002). *Working Across Boundaries: Collaboration in Public Services*. New York: Palgrave Macmillan.

Tannam, Etain (2006). Cross-border Co-operation between Northern Ireland and the Republic of Ireland: Neo-functionalism Revisited. *British Journal of Politics and International Relations*, 8: 256-276.

Tewdwr-Jones, M. and D. McNeill (2000). The Politics of City-Region Planning and Governance. *European Urban and Regional Studies*, 7: 119-34.

The Commission on Global Governance (1995). *Our Global Neighborhood*. Oxford: Oxford University Press.

Thelen, K. (2003). How Institutions Evolve: Insights from Comparative Historical Analysis. In J. Mahoney, and D. Rueschemeyer (Eds.), *Comparative Historical Analysis in the Social Sciences* (pp.208-240). Cambridge: Cambridge University Press.

Thompson, William R. (1973). The Regional Subsystem: A Conceptual Explication and a Propositional Inventory. *International Studies Quarterly* 17: 89-117.

Tombs, Robert (2014). *The English and their History*. New York: Knopf Doubleday Publishing.

Travers, T. (2004). *The Politics of London: Governing an Ungovernable City*. New York: Palgrave Macmillan.

Tsuji, G. (2002). *Regional Policy of the EU*. Tokyo: Sekaishiso-Sha. (in Japanese)

Van Hootum, Henk (1988). *The Development of Cross-border Economic Relations*. Tilburg: Center for Economic Research.

Van Thiel, S. and Frans L. Leeuw (2002). The Performance Paradox in the Public Sector. *Public Performance & Management Review*, 25(3): 267-281.

Vasilopoulou, Sofia (2016). UK Euroscepticism and the Brexit Referendum. *Political Quarterly*, 87(2): 219-227.

Wilson, David and Chris Game (2011). *Local Government in the United Kingdom*. New York: Palgrave Macmillan.

Witesman, E. M. (2010). Order beyond Crisis: Organizing Considerations across the Public Service Configuration Life Cycle. *Public Administration Review*, 70(3): 361-366.

World Bank (1991). *World Development Report 1991: The Challenge of Development*. New York: Oxford University Press.

Wright, D. S. (1983). Managing the Intergovernmental Scene: The Changing Drama of Federalism, Intergovernmental Relations, and Intergovernmental Management. In W. P. Eddy (ed.) *Handbook of Organizational Management*. NY: Marcel Dekker, 417-454.

國家圖書館出版品預行編目資料

英國地方及區域治理：歷史、制度與變革／
黃榮源著. －－初版.－－臺北市：五南，
2019.09
　面；　公分
ISBN 978-957-763-658-4（平裝）

1.地方自治　2.政治制度　3.英國

575.19941　　　　　　　　　108015206

1PFA

英國地方及區域治理：
歷史、制度與變革

作　　　者 ― 黃榮源（306.7）

發 行 人 ― 楊榮川

總 經 理 ― 楊士清

總 編 輯 ― 楊秀麗

副總編輯 ― 劉靜芬

責任編輯 ― 林佳瑩、吳肇恩、黃麗玟

封面設計 ― 王麗娟

出 版 者 ― 五南圖書出版股份有限公司

地　　　址：106台北市大安區和平東路二段339號4樓

電　　　話：(02)2705-5066　　傳　　真：(02)2706-6100

網　　　址：http://www.wunan.com.tw

電子郵件：wunan@wunan.com.tw

劃撥帳號：01068953

戶　　　名：五南圖書出版股份有限公司

法律顧問　林勝安律師事務所　林勝安律師

出版日期　2019年 9 月初版一刷

定　　　價　新臺幣280元

經典永恆・名著常在

五十週年的獻禮——經典名著文庫

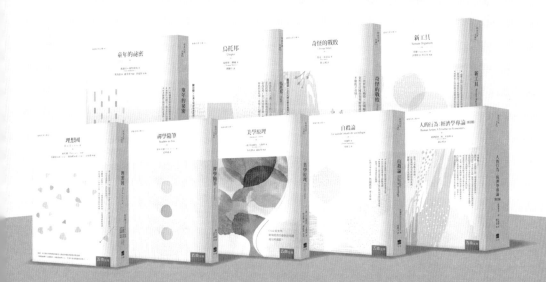

五南，五十年了，半個世紀，人生旅程的一大半，走過來了。

思索著，邁向百年的未來歷程，能為知識界、文化學術界作些什麼？

在速食文化的生態下，有什麼值得讓人雋永品味的？

歷代經典・當今名著，經過時間的洗禮，千錘百鍊，流傳至今，光芒耀人；

不僅使我們能領悟前人的智慧，同時也增深加廣我們思考的深度與視野。

我們決心投入巨資，有計畫的系統梳選，成立「經典名著文庫」，

希望收入古今中外思想性的、充滿睿智與獨見的經典、名著。

這是一項理想性的、永續性的巨大出版工程。

不在意讀者的眾寡，只考慮它的學術價值，力求完整展現先哲思想的軌跡；

為知識界開啟一片智慧之窗，營造一座百花綻放的世界文明公園，

任君遨遊、取菁吸蜜、嘉惠學子！